잘난 척하고
싶을 때
써먹기 좋은

잡학 상식

잘난 척하고
싶을 때
써먹기 좋은

잡학 상식

초판 1쇄 발행 2021년 11월 9일
초판 6쇄 발행 2024년 2월 29일

지은이 앤드류

발행인 장상진
발행처 (주)경향비피
등록번호 제2012-000228호
등록일자 2012년 7월 2일

주소 서울시 영등포구 양평동 2가 37-1번지 동아프라임밸리 507-508호
전화 1644-5613 | **팩스** 02) 304-5613

ISBN 978-89-6952-482-9 03030

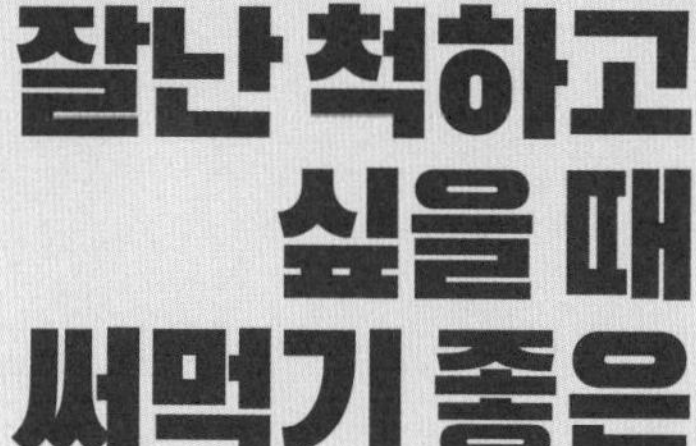

잘난 척하고
싶을 때
써먹기 좋은

잡학 상식

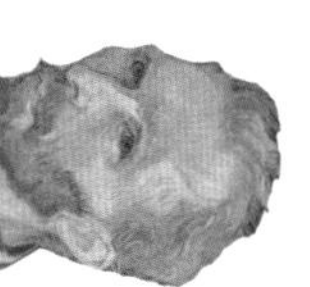

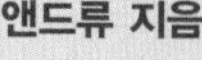

앤드류 지음

경향BP

궁금해서 파고드니 재미있더라

세상에는 그동안 몰랐던 재미있는 사실이 너무나 많다. 대한민국 교육 과정은 길에서 벗어나 삼천포로 빠지는 걸 허용하지 않는다. 배우는 사람이 스스로 배움에 흥미를 느껴 더 깊이 파고드는 것을 막는다. 그러다 보니 중요한 것만 밑줄 치며 배우고 '중요하지 않지만 재미있는 사실'은 천대받는다.

유튜브 채널을 2년 넘게 운영하면서 '별로 쓸모없는 TMI(Too Much Information의 준말로 '너무 과한 정보'라는 뜻)'가 우리 삶에 전혀 무익한 것은 아님을 알게 되었다. 어쩌다 알게 된 TMI로 사람들과의 대화 소재를 만들어내기도 했고, 어떤 학문에 대해 더 깊이 연구하는 계기가 되기도 했다. 영상이든 책이든 내가 만든 콘텐츠가 다른 사람들에게 재미와 정보를 줄 수도 있음을 깨달았다. 이후 나는 유튜브 영상, 책, 오디오클립 등 콘텐츠 제작에 더욱 힘썼다.

『잘난 척하고 싶을 때 써먹기 좋은 잡학상식』 또한 그 결과물이다. 미리 말씀드리지만, 이 책은 매우 가볍다. 애초부터 그렇게 썼다. 가볍게 유튜브 영상을 보는 느낌으로 이 책을 펼쳐 읽기를 바란다. 그렇다고 해서 이 책이 단순한 TMI로 끝나기를 바라는 것은 아니다. 이 책에 실린 글 중에는 분명 당신의 호기심을 끄는 소재가 있을 것이다. 이 책을 읽은 뒤에 특정 주제에 대해 더 깊고 자세히 알고 싶은 생각이 들

것이다. 부디 내가 고른 주제 중에 호기심을 끄는 주제가 있기를, 당신이 더 깊게 파고들어가고 싶은 마음이 드는 주제를 만날 수 있기를, 나아가 그 주제에 대해서 누구와 이야기하더라도 막힘없이 술술 이야기할 수 있는 능력을 갖출 수 있기를 바란다. 어떤 것 하나라도 깊게 파고들어간 경험이 있는 사람은 대화를 해도 그 깊이가 보이고 어떤 현상이나 사실에 대해서 접근하는 방식이나 받아들이는 법도 다를 테니 말이다.

애초에 가벼운 책을 내놓고 깊게 파고 들어가라는 게 말이 되는지는 모르겠지만, 당신이 더 깊게 파고들어갈 주제를 고르는 하나의 통과 의례로서 이 책을 읽었으면 좋겠다. 장 폴 사르트르가 말했던 것처럼 인생은 B와 D 사이의 C니까. 우리 삶의 모든 과정은 선택의 연속이며, 가볍게 이것저것 접해보는 것도 그 선택을 하는 데 훌륭한 밑거름이 되지 않을까.

끝으로 이 책은 나 혼자 쓴 것이 아니다. 우선 이 책이 세상에 나올 수 있게 도와주신 경향미디어의 이영민 편집장님과 김영화 주간님, 사랑하는 부모님과 형 그리고 (가장 중요한) 유튜브 채널이 성장할 수 있도록 지켜봐주신 구독자 여러분이 모두 같이 써준 것이나 다름없다. 나 혼자라면 걸어오지 못했을 길을 여러 사람의 도움으로 걸어올 수 있었다.

세상에는 재미있고 기막힌 사실이 무궁무진하다. 2편에 담을 재미있고 기막힌 내용은 충분하다. 2편으로 만날 수 있기를 바라며 글을 마친다.

앤드류

차 례

CHAPTER 2

어색한 분위기를 깰 때 좋은 황당한 이야기

CHAPTER 3

지금은 맞고 그때는 틀리다! 전쟁·역사

CHAPTER 4

솔직히 까놓고 말해보는 성·연애

CHAPTER 5 음식 앞에 두고 풀기 좋은 화제! 술·음식

CHAPTER 6

마니아도 99% 모른다?! 스포츠

CHAPTER 7

한번 빠지면 시간 가는 줄 모르는 그것! 게임·영화·음악

CHAPTER 8 이제 10년이면 강산 말고 세상이 바뀐다! 과학·기술

CHAPTER 9

사나이 가슴을 울렁이게 하는 화제! 남자의 물건

CHAPTER 10

인간사 화제에 질렸을 때 좋은 동물 이야기

CHAPTER 1

모험심을 자극하는 화제!

미스터리

001 왜 13일의 금요일은 무서울까?

해골, 염소, 뱀과 같이 13일의 금요일도 불길함의 상징이었다.

잠에서 깬 어느 새벽, 문득 궁금해 시계를 봤더니 '4:44'이다. 갑자기 뭔가 불안해져서 잠 못 들고 한참을 뒤척거렸다. 잠을 설치고 간신히 일어나 회사에 출근하고도 머릿속에서 4라는 숫자 3개가 계속 떠올랐다.

동양 문화권에서는 4가 불길한 숫자다. 한자 죽을 사(死)와 연관이 있다. 단순히 숫자이지만 우리의 삶에 미치는 영향은 꽤 크다. 우리나라의 많은 건물에 4층이 없고, 중요한 자리에서는 4를 아예 쓰지 않는다.

그렇다면 서양 문화권에서는 어떨까? 많이 알려졌듯 서양에서는 13이 불길한 숫자다. 서양 문화권에서는 극장, 엘리베이터, 호텔, 기차 등에서 숫자 13을 꺼린다. '13일의 금요일'은 사람들에게 불길한 날로 알려져 있으며, 심지어 이를 모티브로 한 공포 영화는 공전의 히트를 쳤다. 하키 마스크를 쓴 괴한이 난동을 피우는 장면을 한 번쯤은 보았을 것이다.

그런데 도대체 왜 서양 문화권에서는 숫자 13을 불길하다고 생각할까? 13이라는 숫자가 불길하다는 인식이 생긴 원인을 북유럽 신화, 성경, 템플 기사단(템플 기사단은 1307년 어느 13일의 금요일에 프랑스의 필리프 4세에게 모두 체포되었다)에서 찾는 사람도 있다.

로키의 상징인 뱀. 로키는 북유럽 신화에서 13과 연관되어 있다.

북유럽 신화에서는 '로키'가 13과 연관되어 있는데, 신들의 궁전인 발할라에서 잔치가 열렸을 때 초대받은 12명의 신 말고 초대받지 않은 13번째 신인 로키가 등장해 불행이 시작된다. 그리고 성경에서는 13번째 손님인 가룟 유다가 예수를 팔아넘겼다.

하지만 지금까지 정확히 왜 13을 불길한 숫자로 여기기 시작했는지에 대해 아는 사람은 지구상에 아무도 없다. 그냥 그럴 것이라고 막연하게 추측할 뿐이다. 학자 중에는 19세기 후반부터 13일의 금요일이라는 개념이 생겼을 것으로 추측하는 사람도 있다. 만약 이게 사실이라면 우리가 13일의 금요일을 불길하게 여긴 것은 얼마 되지 않은 시간이다. 무서워할 필요가 없겠는데?

002 UFO에 열광하는 나라, 전혀 관심 없는 나라

만약 이렇게 생긴 UFO가 당신 앞에 나타난다면 무슨 말을 할 수 있을까?

외계인이 실존한다고 믿는가? 만약 그렇다면 외계인은 어떻게 생겼으며 뭘 타고 다니는지 상상해보았는가? 아마도 대부분이 머리와 눈이 큰 외계인이 비행접시를 타고 다니는 모습을 떠올릴 것이다. 그들이 타고 다니는 비행접시를 보통 UFO라고 부른다.

그런데 정확히 말하면, UFO가 외계인의 비행선만 의미하는 것은 아니라는 사실! UFO는 'Unidentified Flying Object'의 약자로, 우리말로 번역하면 '미확인 비행물체'이다. 미국 공군에서는 1952년부터 UFO라는 단어를 '확인되지 않은 비행물체'라는 뜻으로 폭넓게 사용해왔다. 쉽게 설명하자면 UFO는 식별할 수 없는 외계인의 우주선까지 포함하는 상위 개념이라 할 수 있다.

세계 각지에서 UFO가 발견되지만 UFO에 가장 열광하는 사람들은 미국인이 아닐까 싶다. 2012년 『내셔널지오그래픽』의 조사 결과에 따르면 실제로 UFO가 존재할 것이라고 믿는 미국인이 36%일 정도다. 2016년 미국 대선 후보였던 힐러리 클린턴은 국민들의 알 권리를 위한다는 명목으로 민심을 얻기 위해 자신이 당선되면 UFO 관련 비밀문

어쩌면 외계인들이 이렇게 숨어서 우리를 지켜보고 있을지 모르는 일이다.

서를 공개하겠다고 선언하기도 했다. 물론 힐러리가 당선되지 못해 모두 물 건너갔지만 말이다. 또 미국에서는 로즈웰 사건(1947년 7월 2일 미국 뉴멕시코주의 한 시골마을인 로즈웰에 UFO가 추락했으며, 미국 정부가 이 비행접시에서 외계인의 시신을 수습해 비밀에 부쳤다는 사건)을 기념하는 축제가 매년 열리고, 심지어 UFO를 믿는 '에테리우스회'라는 종교도 있을 정도다.

그렇다면 냉전시대 미국과 대립했던 구소련은 어땠을까? 구소련 사람들은 UFO를 봐도 별생각이 없었다고 한다. 구소련 정부가 미사일 실험을 너무 많이 해서 진짜 UFO가 지나가도 '미사일 실험을 하나 보다.'라고 생각했기 때문이었다. 미사일을 도대체 얼마나 쏘아댔길래 사람들이 반응을 안 보였을까? 보이지 않는 외계인 우주선보다 더 무서운 건 당장 눈앞에 보이는 로켓과 미사일이었을지도….

003 우리가 몰랐던 조선시대 괴담 7가지

괴담 1

조선시대에는 임산부가 배를 타고 바다에 나가면 문제가 생긴다는 미신이 있었다. 뱃사람들은 항해하다가 거센 비바람을 만나면 배에 임산부가 없는지 재차 확인했고 만약 임산부가 발견되면 바다 한복판에서 뛰어내리도록 종용했다. 겁에 질린 사람들이 배에 탄 아무 여자나 임신했다고 몰아붙여서 바다에 내던져버리는 일도 간혹 있었다.

괴담 2

세종은 아들 광평대군에게 어느 날 점을 보게 했는데, 점쟁이는 그가 세종의 아들인 것을 모르고 점을 쳤다. 그런데 점쟁이가 대뜸 '젊은 나이에 못 먹어서 죽을 운명'이라고 하는 것이 아닌가? 왕의 아들이 굶어죽는 일은 있을 수 없는 일이었다.

그런데『세종실록』에 따르면 광평대군은 어느 날 밥을 먹다가 생선 가시가 목에 걸리게 되었고 무슨 방법을 써도 이 가시를 뽑을 수 없었다. 결국 그는 목에 걸린 가시 때문에 아무것도 먹지 못하고 괴로워하다가 굶어 죽었다.

괴담 3

『청성잡기』에 따르면 조선시대 어느 부유한 집에서 사치스러운 음식을 만들었는데, 떡국에 들어가는 떡을 어린아이 모양으로 빚었다. 그 모양이 진짜로 살아있는 어린아이처럼 정교했다. 게다가 먹을 때 소리가 먹음직스럽고, 냄새는 향기로우며, 맛이 오묘하고, 감촉이 매우 부드러웠다. 이 음식은 널리 소문이 났고, 머지않아 이 집안은 망해 버렸다. 이후부터 사람들은 음식에 사치를 부리면 망한다고 생각하게 되었다.

괴담 4

『쇄미록』에는 조선시대에 영남과 경기지방에서 인육을 먹는 일이 발생했다고 전해진다. 또『세종실록』에는 황해도 지방에서 기근 때문에 먹을 것이 없어지자 사람을 잡아먹는 일이 있어서 조정이 발칵 뒤집혔다고 전해진다.

괴담 5

『중종실록』에 따르면 한양에 개와 닮은 이상한 짐승이 나타난 적이 있다. 심지어 저잣거리도 아니고 왕이 거주하는 궁궐에서 이런 일이 발생했다. 생기기는 삽살개 같고 크기는 망아지 정도였다고 전해지는데 한 번만 나온 것이 아니라 여러 번 등장했다. 대낮에도 등장해 사람들을 놀라게 했는데, 그 때문에 왕의 가족들이 다른 곳으로 처소를 옮기는 일까지 있었다고 한다. 인종이 죽은 다음 날부터는 더 이상 이에 대한 기록이 없다.

괴담 6

궁궐에 짐승만 나타난 것은 아니다. 『어우야담』에 따르면 '팔척귀신'이라고 부르는 무언가도 나타난 적이 있다. 조선시대에 일종의 비서실이었던 '승정원'은 음기가 매우 강하여 귀신이 많이 등장하는 곳으로 알려졌는데, 숙직을 서는 자들이 키가 8척(약 2m)이 넘는 무언가를 목격했다는 이야기가 돌았다.

괴담 7

『조선왕조실록』에 따르면 조선시대에도 UFO는 존재했다. 당시 사람들은 이를 큰 별, 은병, 거위알같이 생긴 것이라고 묘사했는데 한두 번이 아니라 조선시대 내내 여러 번 목격되었다. UFO가 등장했을 때 공통적인 특징은 우레와 같은 소리가 났다는 것이다.

004 아직도 풀리지 않은 우주 미스터리 11가지

우주가 얼마나 큰지 아무도 모른다.
단지 추측만 할 뿐이다.

우리는 아직 우주에 대해 잘 모른다. 지구에도 제대로 탐사하지 못한 곳이 많은데 우주야 오죽하겠는가? 밤하늘에 펼쳐진 어두컴컴한 그곳에서 무슨 일이 일어나고 있을까. 우주 미스터리 11가지를 간략히 정리해 보았다.

우주는 얼마나 큰가?

현재까지 과학자들이 발견해낸 바로는 우주의 규모는 2천억 개 은하 정도라고 한다. '관측 가능한' 부분만 말이다. 진짜로 우주의 끝이 어디인지는 아직 아무도 모른다.

인간 말고 다른 지능이 있는 생물이 존재할까?

우주에 존재하는 행성 중 1% 정도는 지구처럼 생물이 삶을 영위할 수 있는 공간으로 추측되고 있다. 그런데 우주에서 지구인 말고 지능 있는 생물을 찾아보기는 도통 쉽지 않다. 도대체 외계인은 다들 어디로 간 걸까? 우리만 이런 생각을 한 건 아니었다. 이탈리아 출신의 물리학자 엔리코 페르미도 도대체 외계인이 어디에 있는지 궁금해했다. 사람들은 그가 이런 질문을 제기한 것에 '페르미의 역설'이라는 그럴싸한 이름을 붙여주었다.

블랙홀은 정확히 무엇인가?

블랙홀은 강력한 밀도와 중력을 갖고 있으며 모든 것이 빨려 들어가는 것으로 알려져 있지만 정확히 아는 사람은 지구상에 없다. 은하에만 수만 개가 존재한다고 하지만 그곳까지 도달한 사람이 없다. 설령 도달한다고 해도 그 안으로 빨려 들어가서 뭘 봤는지 우리에게 이야기해줄 수는 없을 듯하다. 현실은 「인터스텔라」가 아니니까.

'암흑 물질'은 정확히 무엇인가?

암흑 물질은 현재 전체 우주 에너지 질량의 27% 정도를 차지하고 있으나, 빛을 내지 않아 보이지 않으며, 정체가 아직 알려지지 않은 물질이다. 그냥 우주에서의 여러 현상을 설명하기 위해 생겨난 개념일 뿐 정확한 건 아무도 모른다.

'암흑 에너지'는 정확히 무엇인가?

우주가 팽창한다는 것을 설명하기 위해 우주 전체에 퍼져 있을 것이라고 상정한 에너지의 하나다. 이 역시 뭐가 뭔지 정확히 아는 사람은 없다.

달은 어디에서 온 걸까?

달의 지하에 나치 기지가 있다거나 외계인 기지가 세워져 있다는 음모론은 엄청나게 많다. 심지어 달 자체가 영화 「스타워즈」에 등장하는 위성 형태 우주선인 '데스스타'처럼 지구를 감시하기 위한 외계인들의 거대한 우주선이라는 음모론도 존재한다.

우리는 아직 비교적 가까운 수성에 대해서도 완벽하게 밝혀내지 못했다. 언제쯤 모든 것을 알게 될까?

이런 별별 음모론이 다 나오는 이유 중 하나는 달의 내부가 텅 비어 있다는 '공동설' 때문이다. 나사의 달 탐사선이 지진 측정을 위해 인공지진을 일으켰는데 지구와 달리 상당 기간 지진파가 이어졌다는 내용 등 관련 '설'이 다수 존재한다.

수성은 도대체 뭐하는 행성일까?

태양계에서 태양과 가장 가까운 행성인 수성은 태양빛 때문에 망원경으로 관측하기 어려워 다른 행성들에 비해 정보를 얻기 쉽지 않다. 수성에 대해 과학자들이 추론해낸 것도 많지만 여전히 어둠 속을 걷는 것처럼 아무것도 알아내지 못한 상태다.

우리가 쏘아 보내는 메시지는 도대체 누구에게 도달할까?

1974년 11월 16일, 인류는 푸에르트리코에 있는 아레시보 전파망원경으로 숫자와 DNA, 2진법 같은 인간이 발견해낸 지식들을 쏘아올렸다. 이 메시지가 목적지에 도달하기까지는 25,000년 정도가 걸릴 거라고 하는데 과연 이 메시지를 누가 받게 될까?

우주에서 들리는 비명은 무엇인가?

우주는 진공 상태이기 때문에 소리가 들리지 않아야 한다. 우리가 알고 있는 바에 따르면 말이다. 그런데 간혹 우주에서 'space roar', 즉 비명과 같은 소리가 들린다고 한다. 과학자들은 별들이 '죽어가면서' 내는 소리라고 하지만 아직 정확히 밝혀진 건 없다.

별들은 도대체 어떻게 폭발하는가?

천문학에 관심이 있다면 별들이 죽어가면서 폭발한다는 것을 알고 있을 것이다. 그런데 별들이 어떤 방식으로 화려한 삶을 마감하는지 들어보았는가? 시대가 지나고 기술이 발달하면서 우주의 신비가 점점 더 풀려가고는 있지만, 아직까지도 별의 폭발 메커니즘에 대해 밝혀진 바는 극히 적다.

'평행우주'는 실존하는가?

영화와 소설에서 평행우주이론이 괜히 끊임없이 등장하는 것이 아니다. 많은 학자가 실제로 우리와 다른 '또 다른 우주'가 존재할 것이라고 주장한다. 지금의 나와는 완전히 다른 삶을 살아가는 내가 존재한다면 어떤 느낌일까?

005 일반인에게 출입이 금지된 구역 10곳

우리는 때로 '미스터리'라는 단어를 '금지'와 연관 짓는다. 미스터리는 '도저히 설명할 수 없는 비밀이나 수수께끼'를 의미한다. 금지된 구역에 접근할 수 없으면 모르는 것, 설명할 수 없는 것이 생길 수밖에 없다. 이것이 금지된 구역과 미스터리가 연결되는 접점이 아닐까. 그래서 준비했다. 우리가 방문할 수 없는 세계의 미스터리한 장소 10곳을 보자.

에어리어 51(미국)

UFO, 외계인, 음모론에 관심이 많다면 아마 이 기지의 이름을 들어본 적이 있을 터다. 권한을 가진 사람이 아니라면 절대로 접근할 수 없기 때문에 이곳에 UFO의 잔해나 외계인, 외계로부터 온 최고 수준의 기술, 지하 기지가 있을 것이라는 소문이 무성하다. 우리 같은 평범한 사람들은 갈 수 없기 때문에 말 그대로 '미스터리'다.

스네이크섬(브라질)

도대체 왜 섬에 '뱀'이라는 이름이 붙었냐고? 수도 상파울루에서 약 140km 떨어진 이 섬에는 약 4,000마리 이상의 독사가 거주해 사람이 들어갈 수 없다. 들어가면 지옥 급행열차에 탑승하는 거나 마찬가지

스네이크섬에 사는 골든 랜스헤드 바이퍼

다. 특히 이 섬에 사는 '골든 랜스헤드 바이퍼'라는 뱀의 독은 사람의 살을 녹일 정도다. 브라질 정부에서는 이 섬으로의 접근을 금지한 상태다. 고통스럽게 죽고 싶으면 한번 재주껏 들어가보든지.

보헤미안 그로브(미국)

1873년부터 보헤미안 그로브는 세계에서 가장 부유하고 강력한 권력을 가진 사람들이 모여 비밀 의식을 행하는 장소로 유명했다. '리틀 보이'와 '팻맨'을 만들어낸 맨해튼 프로젝트의 일원들도 이곳에서 의식을 행했다고 한다. 여전히 이 모임의 공식적인 존재 및 참석자와 행사 내용 등은 사람들에게 알려져 있지 않지만, 정재계·문화계·학계의 유명 인사 2,000여 명이 가입해 있는 것으로 알려져 있다.

왕립 공군 맨위드 힐 공군기지(영국)

잉글랜드 노스요크셔주에 위치한 이 기지에는 정체를 알 수 없는 거대한 '골프공'이 수도 없이 널려 있다. 무슨 소리냐고? 골프공을 닮은 무언가가 기지 내부 이곳저곳에 위치해 있다. 소문에 따르면 이곳에 세계 최대 규모의 감시 시스템이 있다고 한다. 여러분이 보내는 메시지를 어쩌면 여기서 다 보고 있을지도 모르겠다.

이세 신궁(일본)

일본의 왕족과 고위 신관에게만 한정되는 종교적인 장소다. 울타리 안은 물론이고 밖에도 곳곳에 출입 금지를 의미하는 금줄이 쳐져 있으며, 늘 삼엄한 경비가 이루어지고 있다. 혹시 이 안에서 나라의 운명이라도 점치는 건가?

바티칸의 비밀 아카이브(바티칸 시국)

이곳에서 문서나 기록들을 찾아볼 수는 있게 해두었지만, 그것을 보관해놓은 곳에 들어가는 것은 금지되어 있다. 35,000여 권에 달하는 문서 중 가장 오래된 것은 8세기 말경에 만들어진 것이라고 한다.

포베글리아섬(이탈리아)

18~19세기 배의 검역소로 활용되던 이곳은 이후에 전염병 환자들의 격리 장소로 사용되었으며 당시 격리되었던 수만 명의 환자는 죽어서 땅에 묻히거나 불태워졌고 그들의 영혼이 섬에 남아 귀신으로 종종 등장했다. 이 '귀신의 섬'에서 1968년까지 정신병원이 운영되었으나 폐업했고, 몇 년 전 한 사업가가 헐값에 장기 임대했다는데…. 귀신 쫓을 사람은 구하고 섬을 샀을까?

북센티넬섬(인도)

원시시대 날것 그대로인 곳에서 당신은 살 수 있겠는가? 그런 곳이 지구상에 실제로 존재한다. 인도양 안다만 제도에 존재하는 이 섬에는 50~400명의 사람이 사는데, 그들은 현대문명을 거부한 채 외부 세계와 전혀 접촉하지 않는다. 섬을 살펴보기 위해 저공 비행하는 항공기나 헬리콥터에 돌멩이를 던지기도 한다. 접촉하면 어떻게 되냐고? 2006년에 이곳에서 낚시하던 사람 2명은 죽었다.

39호실(북한)

작정하고 월북할 계획이 아니라면 대한민국 국민은 북한에 가는 게 꽤 어렵다. 그런데 힘들게 가서도 39호실에 가는 건 불가능할 수도 있다. 미국 육군대학 전략연구소의 논문에 따르면 이곳에서 마약 밀매, 화폐 위조, 위조 담배 밀매 등 온갖 불법 활동이 자행된다고 한다. 니들이 진정 '종간나'구먼기래.

스발바르 국제 종자 저장고(노르웨이)

이곳에는 심각한 기후 변화, 자연재해, 질병의 확산, 핵전쟁 같은 재앙에 대비해 그 이후에 사람들이 살아갈 수 있도록 식량의 씨앗을 저장해둔다. 한마디로 씨앗 전용 '노아의 방주'인 셈이다. 현재 약 200만 종의 씨앗이 저장되어 있다.

국제 종자 저장고에는 호두도 있다.
이 맛있는 걸 보관 안 하면 반칙이다.

006 연쇄 살인마 조디악이 보낸 정체불명의 암호

1960년대 후반, 캘리포니아 북부 지역에서 발생한 끔찍한 연쇄살인으로 미국 전역은 공포에 휩싸였다. 공식적으로는 5건의 살인과 2건의 살인 미수, 살인범의 주장으로는 37건의 살인이 있었다.

'악마'는 언제부터 사람을 죽였을까? 첫 살인은 1968년 12월 20일에 벌어졌다. 그는 미국 캘리포니아주 베니샤시 외곽에서 데이트하던 10대 연인을 살해했다. 6개월 후 골프장 주차장에서 또 다른 연인을 총으로 쏴서 한 명이 죽고 한 명은 중상을 입었다.

그는 계속 범죄를 저지르면서 자신을 잡지 못하는 경찰과 언론을 조롱했다. 지역 신문사 『샌프란시스코 크로니클』에 암호로 된 편지를 보냈는데, 이 때문에 '조디악 킬러'라는 별명까지 얻었다. 요즘 말로 '바이럴 마케팅' 방식으로 사람들에게 입소문이 나도록 한 것이다. '관종'이어서 본인이 마케팅에 이용되길 원했는지는 알 길이 없지만 상상 이상으로 정신 나간 놈이라는 건 알겠다.

그가 보낸 편지는 모두 4통이었는데, 이중 2통의 암호문은 해독했지만 나머지 2통은 여전히 해독하지 못했다. 참고로 오랫동안 미제로 남아 있던 조디악의 암호문은 2020년 12월에 웹디자이너, 수학자, 소프트웨어 엔지니어로 구성된 3인조 민간 탐정단에 의해 해독되었다. 암호문의 내용은 다음과 같다.

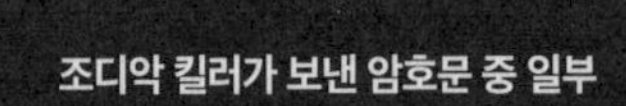

조디악 킬러가 보낸 암호문 중 일부

조디악 킬러로 추정되는 몽타주. 이렇게 얼굴이 알려졌음에도 여전히 잡히지 않았다.

"나를 잡으려고 애쓰면서 즐거운 시간을 보내고 있길 바란다. 난 가스실이 두렵지 않다. 날 위해 일하는 노예가 충분히 있어서 날 더 빨리 천국으로 보내줄 테니 말이다."

007 떼부자로 만들어줄 전설의 보물을 찾아서

금수저를 물고 태어나지 않은 사람은 대부분 마음속에 '부자가 되었으면' 하는 바람이 있으리라. 물론 사회는 열심히 '일해서' 부를 쌓는 길을 권하겠지만, 사람들은 인디아나 존스나 잭 스패로처럼 '보물을 발견해' 단숨에 부를 쌓는 길을 꿈꾼다. 일확천금을 갖고 싶다고? 어디에서 보물을 찾아야 할지 모를 여러분을 위해 지금까지 전설로 남아 있는 보물 리스트를 준비했다.

서고트족의 족장 알라리크가 숨긴 보물

로마를 침략하기도 했던 알라리크는 어느 날 갑자기 병을 얻어 급사했고 수많은 보물이 그와 함께 묻혔다. 그의 무덤은 아직 어딘지 밝혀지지 않았다.

잉카 문명의 금

잉카의 황제 아타우알파는 수많은 황금을 가지고 있었던 것으로 알려져 있다. 정복자 피사로 일행이 그를 만났을 때 방 하나가 황금으로 가득 차 있었다는 기록도 존재한다. 그 황금은 모두 어디로 갔을까?

잉카 문명에 있었던 것으로 추정되는 금.
이 황금은 누가 가져간 걸까?

운이 좋으면 영화에서나 나오는
보물을 찾아 평생 놀고먹을 수도 있다.

나치의 황금 열차

제2차 세계대전 종전 직전인 1945년 4월로 거슬러 올라간다. 당시 소련군이 폴란드를 지나 베를린으로 진군해오자 독일 나치는 황금, 보석, 무기 등을 뺏기지 않으려고 열차에 실어 독일로 출발시켰다. 그런데 그 열차가 폴란드 바우브지흐 산간지역 터널에서 사라졌다. 나치가 이 열차를 어딘가에 숨겨놓았을 가능성도 배제할 수 없다. 열차에 실은 보물의 추정 가치는 한화로 약 2,300억 원이라고 한다.

아와마루호의 보물

제2차 세계대전 당시 일본의 화객선(여객과 화물의 수송을 같이 하는 배) '아와마루'가 미국 해군 잠수함 퀸피시에 의해 격침되었다. 아와마루호에는 한화로 약 5조 6,425억 원 가치의 금, 백금, 다이아몬드 등이 보관되어 있었다고 한다.

야마시타 골드

일제 강점기 때 일본군이 우리나라와 필리핀 등지에 수많은 보물을 은닉했다는 전설이 있다. 이를 야마시타 골드라고 부르는데, '야마시타'는 '말라야의 호랑이'라는 별명을 가지고 있었던 당시 일본 육군 중장 야마시타 도모유키의 이름에서 따온 것이다.

장서린과 박영규의 보물

우리나라에도 보물 이야기가 있다. 1592년경 해적 두목 장서린과 부하 수백 명이 해적질을 해 여수 근처의 섬에 보물을 숨겼다는 이야기가 전해진다. 또 이곳의 보물 동굴 중 하나에는 후백제 왕 견훤의 사위인 호족 박영규가 엄청난 금덩어리를 숨겨두었다는 전설이 내려온다. 갑부가 되고 싶다면 「여수 밤바다」 노래만 부를 게 아니라 보물부터 찾자.

008 아직도 풀리지 않은 지구 미스터리 6가지

인간에게 꼭 필요한 물과 산소는 어디서 왔을까?

인간이 생존하려면 '지구 표면의 70%를 뒤덮고 있는 물'과 '공기 중의 21%를 차지하는 산소'가 필수다. 그런데 물과 산소가 왜 생겼는지, 왜 지구에만 존재하는지를 아직 과학자들도 정확히 모른다.

'Earth'라는 이름은 도대체 어떻게 나온 걸까?

영어로 지구는 'Earth'다. 그런데 태양계의 다른 행성들은 그리스-로마 신화에서 이름을 따왔는데 왜 지구만 'Earth'일까? 학자들이 주장하는 가설 중 하나가 재미있는데, 우리가 지구 땅을 밟고 서 있기 때문에 행성이라는 생각을 미처 하지 못했다는 것이다.

캄브리아기 대폭발은 도대체 왜 일어난 걸까?

5억 4,200만 년 전에 다양한 종류의 동물 화석이 갑작스럽게 출현한 것을 '캄브리아기 대폭발'이라고 부른다. 그 이전에는 박테리아나 진핵생물 같은 단순한 종류의 생물만 존재했는데 왜 갑자기 뇌, 눈, 골격 등을 갖춘 생물들이 등장하게 되었는지는 아무도 모른다. 그저 추측만 할 뿐이다.

공룡이 지금까지 살아있다면
우리 삶은 지금과 어떻게 다를까?

지구에는 여전히 풀지 못한 미스터리가 많다.
바다에 대해서도 완벽히 알지 못하는데
우주에 대해 완벽히 아는 것이 가능할까?

인간은 지진을 완벽하게 예측할 수 있을까?

지각 또는 맨틀 내 암석의 파괴에 의해 일어난다고 알려진 지진을 예측하기 위해 많은 과학자가 애쓰고 있다. 그러나 아직 해답은 나오지 않았다. 그러다 보니 대지진과 쓰나미로 큰 피해를 입기도 한다.

공룡에게 '진짜로' 무슨 일이 발생한 걸까?

지구를 수백만 년이나 지배했던 공룡은 흔적도 없이 사라졌다. 화산 폭발로 죽었다거나 지구에 거대한 소행성이 충돌해 사라졌다거나 하는 '설'은 있지만 여전히 확실하게 밝혀진 것은 없다.

시베리아의 크레이터는 어떻게 생긴 걸까?

수많은 미스터리 중 시베리아 지역에서 발견되는 크레이터는 사람들의 흥미를 끌기에 충분하다. 하나도 아니고 여러 군데에 크레이터가 생긴 원인을 아직까지 딱히 설명할 길이 없다.

CHAPTER 2

어색한 분위기를 깰 때 좋은

황당한 이야기

009 감자는 한때 악마의 열매였다?!

확실히 모양은 안 예쁘지만 맛있다.

16세기부터 남미를 정복하기 시작한 스페인 사람들이 유럽에 기여한 바가 하나 있다. 바로 감자다. 남아메리카 안데스 산맥의 고원지대가 원산지인 감자는 대표적인 구황작물(기근이 심할 때 굶주림에서 벗어나기 위해 먹는 음식)로 오늘날 전 세계의 많은 요리에서 널리 사용된다. 구워 먹고, 쪄 먹고, 삶아 먹고, 튀겨 먹는다. 당시 남미 지역을 탐험하던 스페인 사람이 우연히 감자를 발견했고, 유럽으로 가져와 수많은 사람의 배를 채워줬다.

감자가 유럽에 소개된 초창기에는 별로 환영받지 못했다. 사람들이 감자를 '악마의 열매'라고 생각했기 때문이다. 땅속에서 자라는 감자는 거무튀튀한 색에 울퉁불퉁한 모양새다. 이 모습이 당시 유럽 사람들의 눈에 예뻐 보이지 않았던 모양이다. 프랑스에서는 감자를 먹으면 병에 걸린다며 아예 재배를 금지하기까지 했다.

하지만 이후 흉작이 계속되어 먹을 것이 궁해지자 사람들은 감자를 재배해서 먹기 시작했다. 17세기 아일랜드는 흉년이 계속되었는데,

감자는 다양한 방식으로 조리할 수 있다. 튀기고, 찌고, 볶고…. 또 뭐가 있더라?

굶주리던 아일랜드 사람들을 살려낸 것은 감자였다. 시간이 지나면서 감자는 여러 지역으로 퍼져 나갔고, 프랑스·독일·영국 등 다른 유럽 지역에서도 중요한 작물이 되었다.

감자와 관련된 재미있는 이야기가 하나 있다. 18세기 말 프로이센의 프리드리히 대왕은 식량난을 해소하기 위해 농부들에게 감자를 재배할 것을 명령했다. 하지만 농부들은 감자를 싫어했다. 거센 반대에 부딪힌 프리드리히 대왕은 감자밭에 근위병을 세워 철통같이 지키도록 했다. 감자밭을 둘러싼 근위병들의 존재는 감자를 보호하는 효과와 동시에 사람들의 호기심을 자극하는 일석이조의 효과를 일으켰고, 결국 감자가 널리 재배될 수 있었다. 하지 말라고 하면 더 하고 싶은 사람 심리를 잘 이용한 대표적인 예다.

010 | 16년 전에 잃어버린 결혼반지를 어디서 찾았다고?

레나 팔손이 잃어버린 반지. 16년 뒤에 잃어버린 결혼반지를 밭에서 찾을 확률은?

현대사회에서 한 커플이 결혼에 골인해 부부가 되었음을 증명하는 방법은 혼인신고, 결혼식 등이 있다. 하지만 남들에게 '우리 결혼했어요.'라고 가장 확실하게 표현하는 건 역시 결혼반지다. 왼손 넷째 손가락에 끼워진 반지는 영원한 사랑을 의미한다.

스웨덴의 레나 팔손이라는 여성은 이렇게 소중한 결혼반지를 자기 집의 부엌에서 잃어버렸다. 화이트 골드 컬러에 무려 다이아몬드가 7개나 박힌 값비싼 반지였다. 반지가 손가락에 딱 맞지 않긴 했지만 그래도 소중한 물건이니 잃어버렸을 때 가슴이 아팠던 건 당연지사다.

놀랍게도 그녀의 결혼반지는 16년이 지난 뒤 당근 밭에서 발견되었다. 반지가 부엌 싱크대로 굴러 들어가 채소 껍질들과 뒤섞였고, 팔손 부부는 반지가 섞여 들어간 채소 껍질로 비료를 만들어 키우던 양에게 먹이로 주고 밭에도 뿌렸다. 그렇게 결혼반지는 당근에 끼워진(?) 상태로 발견되었다.

011 신호등과 숫자 6의 관계

옛날 신호등은 이렇게 생겼다. 옛날에는 신호등에서 기다리는 시간도 짧지 않았을까?

어디에나 있고, 번쩍번쩍 다양한 색으로 빛나며, 깜빡깜빡하는 것은 뭘까? 바로 신호등이다. 1868년 영국 런던에서 처음 설치된 이래로 지금까지 우리의 안전과 도로 교통을 책임지고 있다.

신호등이 도로에 존재하지 않았다면 아마 우리 중 반 정도는 교통사고로 이미 생을 마감했을지도 모른다. 그뿐만 아니라 신호등은 빨간 불, 노란 불, 파란 불이 쉬지 않고 번쩍거리면서 도시의 풍경을 더욱 아름답게 만들어준다. '심미적인' 부분과 '기능적인' 부분이 모두 뛰어나다고 해야 할까?

그런데 이 신호등이 숫자 6과 연관 있다는 사실을 알고 있는가? 미국 전국도시교통관리협회, NACTO에 따르면 운전자는 1년에 58.6시간, 평생 6개월의 시간을 빨간 불이 파란 불로 바뀌는 걸 기다리는 데 보낸다고 한다. 이는 평생 운전하는 시간의 20%다. 이렇게 이야기하니까 그 시간이 좀 아까운 듯하다.

012 도대체 '#'는 뭐라고 불러야 할까?

#sandiegofire

역사를 바꾼 해시태그

'#'를 뭐라고 읽느냐에 따라 연령대가 결정된다는 우스갯소리를 들어보았는가? '우물 정'으로 읽으면 70대, '샵'으로 읽으면 30대, '해시태그'로 읽으면 10대라는 거다. 재미있게도 '#'를 뭐라고 읽는지에 대해 의견이 분분한데(심지어 '파운드'라고 부르는 사람도 있다) 사실 정답은 없다. 그냥 상대방이 알아들을 수 있는 수준으로 부르면 그게 정답이다.

최근 인스타그램이라는 소셜 미디어가 젊은 층에게서 인기를 끌면서 이 기호는 '해시태그'라는 이름으로 굳어지는 듯하다. 비단 인스타그램뿐만 아니라 유튜브, 트위터 등에서도 태그를 거는 데 쓰인다. 여러 SNS 중 가장 먼저 해시태그를 쓰기 시작한 것은 트위터다(2007년부터 사용). 당시 트위터의 개발자였던 크리스 메시나가 해시태그를 사용하자고 제안했는데, 트위터 측에서는 이를 거절했다. 하지만 우연한 기회에 샌디에이고에서 일어난 산불 때 #sandiegofire라는 태그가 걸리면서 소셜 미디어에서의 해시태그의 역사가 시작되었다.

이제 해시태그는 소셜 미디어에서 하나의 또 다른 언어가 되었다.

이제 페이스북, 인스타그램, 유튜브 같은 SNS에서 해시태그를 찾아보는 것은 어려운 일이 아니다.

하나의 언어처럼 해시태그 표기는 소셜 미디어에서 새로운 문법이 된다. 사용자들은 효율적으로 자신이 원하는 정보를 단시간에 검색할 수 있다. 젊은 층을 상대로 마케팅하는 사람들은 이를 마케팅에 활용한다. '#'로 새로운 세계가 펼쳐지는 것이다.

그런데 우리가 '해시태그'라고 부르는 이것은 정식 영어 명칭이 있단다. 바로 'Octothrope'인데 'Octo-'라는 접두사는 '8개의'라는 뜻을 가지고 있다. 잘 보면 해시태그에는 8개의 모서리가 있다.

이제 당신의 '썸녀'에게 아는 척할 게 하나 더 생겼다. 아는 체하기 전에 영어 단어 발음 연습까지 한다면 미국에서 온 재미교포 2세처럼 보일 수 있다.

013 역사 속 인물들의 황당한 죽음 13가지

아이스킬로스는 집이 떨어져서 깔려 죽었다. 거북집 말이다.

진시황의 죽음(BC 210)

진시황은 불로초를 신하들에게 찾아오라고 시킬 만큼 영생에 관심이 많았던 것으로 알려져 있다. 그래서일까? 수은이 자신에게 영생을 가져다줄 것이라고 생각해 삼켰다가 죽음을 맞이했다. 어이없고 황당한 죽음이지만 뒤에 나올 사람들에 비하면 이 정도는 평범한 편이다.

고대 그리스의 아이스킬로스의 죽음(BC 455)

그리스의 3대 비극 작가 중 한 사람으로 유명한 아이스킬로스는 독수리가 들고 가다 떨어뜨린 거북에게 맞아 죽었다. 역사에 이름을 남기긴 했지만, 비극 작가치고는 너무 '희극'적으로 죽었다. 예언에 따르면 그가 '하늘에서 집이 떨어져서' 죽을 것이라고 했다는데, 집이 떨어져서 죽은 게 맞긴 맞네.

로마 제국의 클라디우스 드루서스의 죽음(BC 37)

클라우디스 황제의 장남이었던 그는 과일 배를 하늘에 던졌다가 입으로 받았는데 배가 목구멍에 정통으로 꽂혀서 질식사했다.

잉글랜드의 헨리 1세의 죽음(1135)

의사가 먹지 말라는 '칠성상어(장어의 일종으로 징그럽게 생겼으며 세계에서 가장 오래된 척추동물 중 하나)'를 잔뜩 먹었다가 장 통증으로 죽음을 맞이했다. 보양식이라도 적당히 먹자.

시칠리아 제국의 마르틴 1세의 죽음(1410)

마르틴 1세는 혼자 거위 1마리를 배부르게 먹은 날 소화불량에 걸렸는데, 광대가 던진 농담 때문에 웃다가 죽었다. 행복하게 죽은 건가?

조지 플랜태저넷, 제1대 클레런스 공작의 죽음(1455)

조지 플랜태저넷은 에드워드 4세에게 반역 혐의로 고소되어 사형을 선고받았다. 대부분의 귀족이 목이 잘려나가는 단두대에서 생을 마감했지만 그는 조금 다른 방식으로 사형당했다. 그는 '술독'에 빠져 죽고 싶다는 소원이 있었고, 본인의 소원대로 와인을 담가놓은 통에 빠져 죽었다.

페르시아의 샤 샤피의 죽음(1642)

이란 샤파비 왕조의 통치자였던 그는 조지아의 한 귀족과 누가 더 술을 잘 먹나 '배틀'하던 중 급성알코올중독으로 사망했다. 잘 먹는다고 좋은 게 아니다.

러시아의 요승 라스푸틴의 죽음(1916)

막강한 권력을 차지했던 라스푸틴은 독살을 당했음에도, 총을 맞았음에도, 쇠로 된 지팡이로 두들겨 맞았음에도 죽지 않았다. 그의 정확한 사인은 '익사'였다.

프랑스의 극작가 몰리에르의 죽음(1673)

프랑스를 대표하는 희극 연기자이자 작가였던 그는 자신이 쓴 연극 「상상으로 앓는 사나이」에 출연했는데 연극을 하던 도중 폐출혈로 무대에서 쓰러졌다. 하지만 타고난 배우답게 그는 진짜로 아픈 것이 아니라 마치 연기인 것처럼 사람들을 속였다. 사람들은 그가 죽은 줄 모르고 박수를 쳐댔으며 심지어 이미 죽은 그의 시체를 무대에서 쓰러진 상태 그대로 집으로 데려다주기까지 했다고 한다. 그 양반 누가 연기자 아니랄까 봐 갈 때도 아주 예술로 가는구먼.

조선시대 김빙의 죽음(1589)

김빙은 평소 안구건조증이 매우 심해 눈이 뻑뻑했다. 지금이면 인공 눈물이라도 쓰겠지만 당시에는 당연히 그런 것도 없었을 터. 어쨌든 조선 중기의 문신인 정여립이 모반을 꾸몄다는 이유로 조정에서 정여립의 처벌을 정하던 중 찬바람이 불자 김빙이 눈물을 흘렸는데, 역적을 위해 눈물을 흘린다며 바로 끌려가 곤장을 맞고 사망했다고 한다. 이건 좀….

잉글랜드의 윌리엄 3세의 죽음(1702)

두더지가 파놓은 흙더미에 왕이 타고 있던 말이 걸려 넘어지면서 생긴 상처로 사망했다. 당시 윌리엄 3세의 정적들은 박수를 치며 두더지에게 경의를 표하고 건배를 했다고.

셜록 홈즈의 실제 모델 앨런 핀커튼의 죽음(1884)

보도에서 미끄러질 때 자신의 혀를 깨물어 감염으로 사망했다. 정말로 '재수 없으면 접시물에 코 박고 죽는 게' 사실인가 보다.

잭 대니얼의 죽음(1911)

위스키 브랜드 잭 대니얼스의 창시자인 잭 대니얼은 금고 비밀번호를 까먹어 문을 못 열자 홧김에 금고 문을 발로 찼다가 다쳤고 패혈증으로 사망했다. 릴렉스….

014 역사를 뒤흔든 새빨간 거짓말 8가지

히틀러는 요즘 말로 '벌구'라고 불러야 할 것 같다. 무슨 뜻이냐고? 벌리기만 하면 구라.

아돌프 히틀러

"체코슬로바키아 일부 지역의 점령을 인정해주면 전쟁을 일으키지 않겠다."

1938년 히틀러가 체임벌린 영국 총리와의 대담에서 한 말이다. 영국은 동유럽을 독일에게 내주었고 히틀러가 원하는 대로 해준 뒤 평화가 찾아왔다고 안도했지만 결국 전쟁은 일어났다.

리처드 닉슨

"나는 아무것도 모른다."

1972년 닉슨이 자신의 측근이 워터게이트 호텔의 민주당 본부에 무단 잠입해 도청을 하려다 발각되자 한 말이다. 하지만 닉슨이 도청을 지시했고 결정적인 역할을 했다는 사실이 밝혀지면서 닉슨은 대통령직에서 물러났다. 이는 미국 역사상 최악의 스캔들 중 하나가 되었다. 미국 역사상 최초이자 유일하게 임기 중 사퇴한 대통령이라는 불명예를 안은 것은 말할 것도 없다.

미드웨이 해전 당시 일본군

"AF에 물 부족"

1942년 미드웨이 전투에 앞서 미국 해군 정보부가 가로챈 일본군 교신 중 일부다. 미 해군은 일본군이 습격하려는 'AF'가 어렴풋이 미드웨이라고 짐작하고 있었다. 이를 확인하기 위해 미 해군은 '미드웨이 섬에 물이 부족하다.'라는 거짓 교신을 보냈고 이 교신을 가로챈 일본군이 'AF가 물이 부족하다.'라고 한 덕분에 사실 확인을 할 수 있었다. 객관적인 전력상으로 분명 열세였음에도 불구하고 미국은 정보력과 전략을 바탕으로 일본에게 이길 수 있었다.

오디세우스

"트로이를 위해 준비한 선물입니다."

10년간의 길고 긴 전쟁 끝에 오디세우스가 트로이 목마를 준비해 트로이 사람들에게 바치며 한 말이다. 이후 아다시피 트로이는 산산조각 났고 그리스군이 승리했다.

트로이 목마는 역사를 바꾼 희대의 거짓말 중 하나다. 여러분도 누가 잘해주면 일단 의심부터 하고 봐라.

알라 야로신스카야

"사람들은 모두 기적처럼 나았습니다."

체르노빌 사고 2주 후 구소련의 야로신스카야 위원이 입원한 사람들에 대한 기록을 조작하며 한 말이다. 역사상 최악의 원전 사고인 체르노빌 사태가 발생했을 당시, 구소련은 도움을 요청하기보다는 사고를 숨기는 데 급급했다.

이순신

"나의 죽음을 적에게 알리지 마라."

1598년 노량해전 당시 이순신이 왜군의 유탄에 맞아 운명하며 한 말이다. 만약 그의 죽음이 왜군에게 알려졌다면 조선 병사들의 사기는 떨어졌을 것이고, 노량해전은 실패했을 것이며, 왜군은 다시 기세등등해졌을 것이다.

나치 독일

"유대인이 전쟁의 원인이다."

제2차 세계대전 당시 나치 독일이 찍어낸 프로파간다에서 한 말이다. 유대인을 '마녀사냥'한 덕분에 독일 국민들은 합심해서 '전격전'을 펼칠 수 있었다. 이와 비슷한 일이 14세기 페스트가 퍼졌을 당시의 프랑스에서도, 1923년 일본의 간토 대지진 때에도 일어났다.

버니 매도프

"오늘날 같은 사회에서 불법을 저지르는 것은 거의 불가능하다."

2007년 월스트리트에서 열린 한 회의에서 전직 나스닥 의장이었던 매도프가 한 말이다. 그는 자신의 경력과 지식을 이용해 미국에서 사상 최대의 폰지 사기, 즉 다단계 사기를 저질렀다. 이로 인해 그는 150년형을 선고받았고, 월스트리트의 신뢰도 떨어졌다.

015 | 과거 영국에서는 비둘기가 대접받았다?!

도시에서 찾아보기 쉬운 이 친구,
사실은 그렇게 멍청하지 않다.

도시를 점령한 '닭둘기' 친구들을 보면 어떤 생각이 드는가? 아마 온갖 부정적인 감정이 피어오를 것이다. 재미있게도 한국뿐만 아니라 전 세계에서 비둘기는 골칫덩어리다. 둔해 보이고 멍청해 보이지만, 사실 비둘기는 콘크리트 정글에서 살아남는 법을 제대로 익힌 총명한 친구다. 실제로 버스나 지하철을 타고 이동하는 비둘기도 종종 목격되는데, 대중교통에 무임 승차할 정도면 '새대가리'라고 부를 수준은 아닌 듯하다.

지금은 푸대접을 받는 처지이지만, 과거 영국에서는 꽤 사랑받았던 것 같다. 16세기에서 17세기에 이르는 기간 동안 영국의 부자들은 비둘기를 위해 아름다운 탑을 지어주었다. 그렇게 사랑받을 수 있던 비결은 뭘까?

당시 비둘기는 훌륭한 영양 공급원이었기 때문이다. 베어 그릴스냐고? 그렇다. 당시 영국인들은 비둘기를 잡아먹었다. 겨울이 되면 먹이 부족 문제로 돼지나 소를 기르는 게 어렵다 보니 계절에 영향을 덜

영국 부자들이 지어준 비둘기집.
얼핏 보면 귀족들이 사는 성의 일부분 같다.

받아 키우기 쉬운 비둘기에 눈을 돌리게 된 것이다. 재미있게도 비둘기 고기는 아무나 먹지 못했다. 계급이 높은 봉건 귀족만 비둘기 고기를 맛볼 수 있었다.

영국 왕실에서는 비둘기 대접이 더 융숭했다. 비둘기 똥마저 귀하게 취급하는 영국 왕실 소유 물품이었다. 이게 무슨 말 같지도 않은 소리냐고? 그렇게 귀한 대접을 받은 데는 다 이유가 있었다. 당시 비둘기의 똥은 화약과 비료의 재료였다. 한마디로 비둘기 똥 덕분에 농사도 짓고 총과 대포도 쏠 수 있었다. 왕실에서 비둘기 똥 냄새 좀 났겠는데?

016 스위스에서는 기니피그를 '이렇게' 키우면 불법이다?

이 귀여운 친구를 1마리만 키울 순 없지. 친구는 꼭 만들어줘야 한다.

기니피그는 보기만 해도 '귀염뽀짝'한 동물이다. 이름만 들어서는 '돼지'일 것 같지만, 사실 기니피그는 몸이 좀 큰 설치류, 즉 '쥐'다. 쥐와 먼 친척인데도 쥐와는 전혀 다른 대접을 받는다. 유럽에서는 300년이 넘는 세월 동안 반려동물로 사랑받았다. 귀엽다 보니 반려동물로 키우면 위안을 받나 보다.

'이름만 돼지인 쥐'에 얽힌 재미있는 사실은 이뿐만이 아니다. 이름 때문에 아프리카 국가인 '적도기니'와 연관성이 있다고 생각할 수 있는데 사실 기니피그는 적도기니와 전혀 상관이 없다. 18세기 유럽 사람들이 이 동물을 남미에서 유럽으로 데리고 오는 과정에서 기니에 잠시 머물렀는데, 출신국에 대한 오해로 인해 기니피그라는 이름이 붙은 것이다.

우리나라에는 애완용이 아니라 식용으로 처음 들어왔다. 프랑스에서도 기니피그 요리가 있으며, 멕시코·페루 같은 남미 지역에서는 지금도 기니피그를 식용으로 쓴다고 한다. 남미에서는 보통 기니피그를 튀겨서 먹거나 케밥에 넣어 먹는다고 한다. 어떻게 이 귀여운 친구를

영화 「올드보이」에서 오대수가 군만두만 먹었던 것처럼
외로운 기니피그도 사과만 먹으면 미쳐버릴 거다.

먹을 생각을 했는지는 모르겠지만 하여간 그렇다고 한다.

"스위스에서는 기니피그를 '이렇게' 키우면 불법이다."에서 '이렇게'에 들어갈 말의 정답은 무엇일까? 바로 '외롭게 키우면'이다. 기니피그는 매우 사회적인 동물이며 최소 5마리 이상 무리를 지어 생활한다. 외롭게 1마리만 키우면 스위스 법 기준으로 동물 학대다.

「올드보이」의 오대수처럼 군만두만 먹으면서 독방에 혼자 있으면 미치지 않을까? 기니피그도 마찬가지다. 그럴 일이 있을지는 모르겠지만 만약 스위스에서 기니피그를 키울 예정이라면 그들에게 친구가 필요하다는 걸 미리 알아두는 게 좋겠다. 한국에서 키울 예정이라도 1마리만 키우면 외로워하니까 2마리 이상 데려오길 권한다.

017 | 제우스, 아무도 못 말리는 신화 속 최고의 바람둥이

그리스 신화를 한 번이라도 읽어본 사람이라면 제우스가 얼마나 호색한인지 알 것이다. 호색한이 뭐냐고? 여자를 밝힌다는 뜻이다. 돈 후안이나 라스푸틴 같은 유명한 바람둥이들도 감히 명함을 못 내밀 정도라고만 해두자. 신화에 등장하는 제우스의 에피소드들을 살펴보면 그저 예쁘기만 하면 한눈에 반해 달려들었다. 이오, 다나에, 레다, 칼리스토, 에우로파 같은 미인뿐만 아니라 가니메데 같은 미소년까지 탐

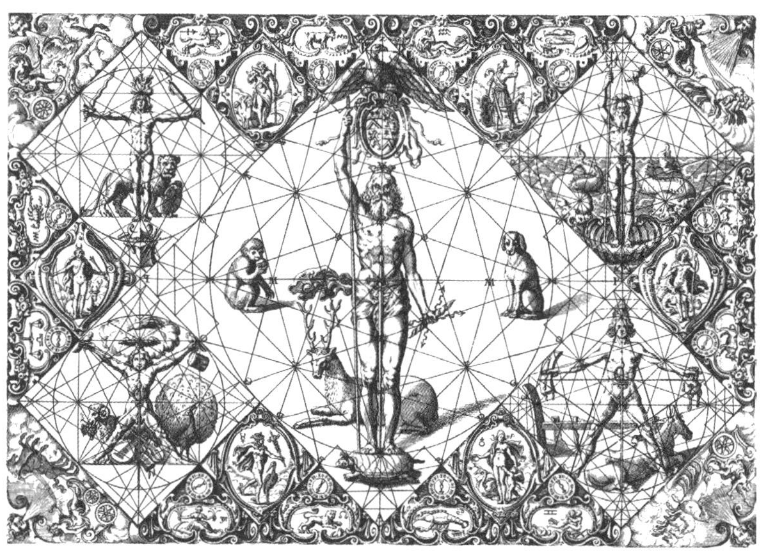

제우스와 다른 그리스 신화의 신들을 묘사한 그림

했다.

흉악범같이는 안 생겼는데…. 알고 보면 제우스는 온갖 범죄를 다 저지른 파렴치한이다.

그가 수많은 여자를 꼬실 수 있었던 비법은 바로 변신이었다. 신 중의 신답게 그는 자유자재로 변신할 수 있었다. 황소, 백조, 황금 소나기로 심지어 그리스 신화 속 여신 중 하나이자 자신의 딸인 아르테미스로까지 변신해 여자들에게 접근했다.

심지어 아내인 헤라를 덮칠 때는 그녀가 좋아하는 뻐꾸기로 변신해 달려들었다. 헤라는 평소 그가 얼마나 바람둥이였는지 잘 알고 있었기 때문에 그와의 결혼을 거부했지만, 귀엽게 생긴 뻐꾸기만큼은 거부할 수 없었던 모양이다. 헤라는 결혼과 가정의 수호신이었지만 정작 자신의 가정은 지키지 못했다는 것이 참 아이러니하다. “중이 제 머리 못 깎는다.”라는 말도 있듯이 헤라는 남의 가정은 잘 챙겼지만, 남편의 외도는 막을 수 없었다.

어쨌든 제우스의 화려한 여성 편력을 엿볼 수 있는 이야기를 보면 별로 도덕적이진 않아 보인다. 아니, 요즘 기준에서 보면 ‘범죄’라고 할 수준의 행동까지 있다. 그러다 보니 그는 난봉꾼이나 범죄자 취급을 받는다. 오죽하면 연관 검색어에 ‘제우스 쓰레기’, ‘제우스 인성’이 뜰까? 신화 속에서 신들이 한다고 해서 절대로 따라 하면 안 된다.

018 착하디착한 캐나다인도 '이걸' 건드리면 화낸다?

캐나다인들은 너무 착해서 문제다.
만나보면 저절로 따봉이 나올 정도로 착하다.

캐나다 하면 무엇이 떠오르는가? 단풍? 메이플 시럽? 눈이나 동계 스포츠? 나는 캐나다인의 성격이 가장 먼저 떠오른다. 여행을 다니며 만나본 캐나다인은 사려 깊고 배려심 넘치는 성격이었다. 물론 '이 나라 사람은 이렇고 저 나라 사람은 저렇다.'라고 성급하게 일반화할 수는 없지만, 어느 정도 큰 성향은 존재한다. 이탈리아 사람은 정열적이고, 프랑스 사람은 담배를 좋아하고, 일본 사람은 예의 바르고, 브라질 사람은 낙천적이라는 정도 말이다.

물질만능주의가 만연해 순수하게 선한 사람을 만나기 어려운 이 시대에도 태생부터 선한 사람은 존재한다. 한 연구 결과에 따르면 66%의 캐나다인이 '캐나다인은 착하다.'라는 명제에 동의한다고 한다. 이쯤 되면 조금은 재수 없게 들릴 수 있는데 실제로 그들은 착하다. 캐나다의 주 수입원이 타국에서 오는 관광객이며, 타문화 사람들과 어렸을 때부터 어우러져 살기 때문에 '다름'에도 호의적일 수 있다는 주장은 설득력이 있다.

캐나다인의 성격 때문인지 '사과법'이라는 법이 2009년에 제정되었다. 일반적인 판결에서는 상대방의 사과를 과실 책임의 인정으로 간주하여 사건의 결과를 다르게 하기도 한다. 하지만 캐나다인은 미안하다고 사과하는 게 습관이어서 판결에서 이를 유죄의 결정적인 증거로 사용할 수 없다는 내용의 법안이다.

캐나다를 대표하는 또 한 가지가 바로 무스라는 동물이다. 잘못 건드리면 들이받히니까 조심하자.

그런데 캐나다인도 사람이다. 건드려서는 안 되는 게 있다. 바로 동계스포츠 '하키'다. 미국과 캐나다에서는 하키가 꽤 인기 스포츠이고, 하키 리그도 미국과 캐나다 팀이 같이 포함되어 진행된다. 2011년 하키 결승전에서 미국 팀 보스턴 브루인스한테 캐나다 팀 밴쿠퍼 캐넉스가 패배하자 캐나다 사람들은 폭동을 일으켰다. 과거에도 하키 리그 결승에서 패배해 폭동을 일으킨 전력이 있어서 캐나다 경찰은 하키 시즌만 되면 초비상 상태가 된다고 한다.

착하디착한 캐나다인을 열받게 하고 싶은가? '미국보다 캐나다가 하키를 못한다.'라고 도발해보라. 단, 여러분의 안전은 책임 못 진다.

019 스타벅스에 숨은 황당하리만치 놀라운 사실 6가지

사실 1

스타벅스의 하워드 슐츠는 미국 사무용 복사기 제조회사 제록스의 평사원 출신이다. 평사원에서 CEO까지 일반 사람은 엄두도 내지 못할 경력이다. 하워드는 한때 스타벅스 CEO를 사임하고 미국 대통령 선거에 출마하느냐를 두고 진지하게 고민했던 적도 있다. 실제로 평사원에서 사장 그리고 대통령 코스를 밟은 사람이 이미 한국에 있다. 끝은 별로 좋지 않았지만.

사실 2

스타벅스는 허먼 멜빌의 소설 『모비 딕』의 등장인물에서 그 이름을 따왔다. 『모비 딕』에 나오는 1등항해사의 이름이 '스타벅'이다.

사실 3

스타벅스의 보통 고객은 한 달에 평균 6회 정도 방문한다. 충성 고객은 2배가 넘는 횟수인 16회 정도 방문한다. 금액으로 보면 한 달에 65,600원, 1년에 787,200원을 쓰는 것이다. 그것으로 마음의 위안을 얻는다면 기꺼이 쓸 수 있는 금액이다.

사실 4

스타벅스에 '비밀 본부'가 있었다는 사실을 아는가? 미국 시애틀에 있던 '로이 스트릿 커피 앤 티'라는 매장이 바로 스타벅스의 비밀 본부였다. 비밀 본부에서는 일반 매장에서 주문할 수 없는 치즈, 와인, 맥주를 팔았으며 신메뉴 출시 전 시험대로 이용하기도 했다. 하지만 지금은 '스타벅스 리저브'가 등장하면서 사라졌다고 한다. 가보지도 못했는데 사라지다니….

사실 5

CIA 내부에도 스타벅스가 있는데 다른 스타벅스와 메뉴가 같으며 심지어 미국 내에서 가장 장사가 잘되는 지점 중 하나라고 한다. 단, CIA 본부 내의 스타벅스에서는 다른 사람의 이름을 부르면 안 된다. 요원들은 커피를 주문할 때 익명으로 주문하며 바리스타도 주문한 사람의 이름을 부르지 않는 것이 불문율이라고.

사실 6

스타벅스는 2016년에 라떼 때문에 고소를 당한 적이 있다. 캘리포니아에 사는 두 고객이 라떼의 양이 메뉴 그림보다 25% 작다고 고소를 한 건데 법원은 이 사건을 무효로 판결했다. 될 걸 우겨야지.

020 | 우리 몸에 있는 뼈의 1/4이 집중된 곳은?

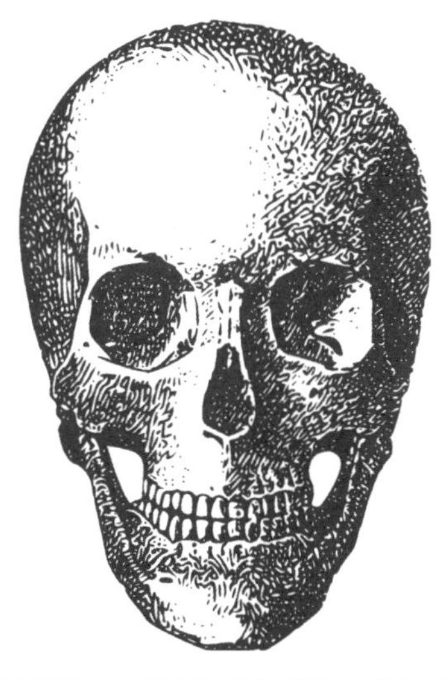

인간의 두개골에만 22개의 뼈가 있다. 하나인 줄 알았지?

우리 몸에 있는 뼈는 정확히 206개다(사람에 따라 개수가 다를 수도 있어서 어떤 사람은 뼈가 더 많기도 하다). 나처럼 '문송'하지 않다면 아마 이 정도는 기초 상식이겠지.

뼈는 사실 골격을 형성하는 것 이외에도 다양한 기능을 하는 중요한 조직이다. 손상을 입기 쉬운 내부 장기를 보호하기도 하고 근육이 움직일 때 지렛대 역할을 해 운동을 도와주기도 한다.

206개의 뼈 중에서 1/4이 인체의 특정 부분에 집중되어 있다. 계산해보면 52개의 뼈인데, 도대체 어디에 집중되어 있을까? 정답은 발 부분이다. 양발에 각각 26개 정도의 뼈가 있다. 심지어 뒷발, 중간발, 앞발로 세분화해서 뼈를 구분하기도 한다. 또한 발에는 30개 이상의 관절, 수많은 근육, 힘줄, 인대가 위치해 있다. 발을 '잘 모셔야' 하는 이유가 하나 더 늘었다.

한 가지 더 재미있는 사실은 뼈만 가지고도 많은 걸 알아낼 수 있다는 것이다. 그 사람이 무엇을 먹고 어떤 일을 했는지가 뼈에 다 기록된다. 한마디로 모든 것이 저장되는 역사 보관소인 셈이다. 죽은 사람들의 뼈를 분석해 당시 사람들의 성비, 노년층 비율, 평균 수명 심지어 어떤 일을 하고 살았는지까지 예측 가능하다고 하니 놀랍지 않은가? 뼈만 있다면 얼굴 복원이 가능하며 어떤 질병을 앓았는지도 분석할 수 있다. 뼈로 진짜 별거를 다 알 수 있다.

021 프링글스 통에 사람이 들어 있어요!

감자칩은 맛있다. 짭조름한 그 맛에 저절로 손이 가는 것을 막을 수 없다. 다양한 감자칩이 있는데 그중 프링글스를 빼놓고 이야기하는 것은 '진빵 이야기에 앙꼬를 빼먹는 것'과 마찬가지다.

프링글스는 세계 최대 생활용품업체인 P&G의 직원이었던 프레데릭 바우어가 개발했다. 1950년대 미국에서는 감자칩이 꽤나 인기 있었는데 너무 기름지고 빨리 상하며 잘 부서져 소비자의 불만이 컸다. 이런 불만을 수용해 개발한 것이 바로 프링글스다.

도대체 어떻게 상하지 않고 부서지지 않는 감자칩을 만들었을까? 우선 감자칩을 말안장 모양으로 바꾸고 튼튼한 하드보드 원통형 캔에 감자칩을 채워 부서지지 않게 했다.

또 용기 내부의 공기를 빼내 질소로 충전하고 다시 알루미늄 포일로 밀봉하는 포장법을 개발했다. 이렇게 포장하면 방부제를 쓰지 않고도 신선도를 쉽게 유지할 수 있다.

재미있게도 이 프링글스 통으로 과자만 보관하는 건 아닌 것 같다. 프링글스 통으로 핫도그도 요리할 수 있으며, 스마트폰 스피커로 만들어 파티를 즐길 수도 있다. 아예 처음 출시될 때부터 통에 미러볼을 달고 출시된 제품도 있다는데, 이 정도면 만드는 사람들도 '즐기는' 분위기다.

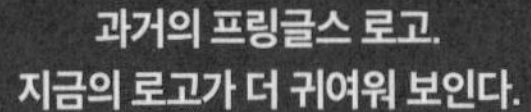
과거의 프링글스 로고.
지금의 로고가 더 귀여워 보인다.

얼마 전까지의 프링글스 통.
현재는 로고가 한 번 더 바뀌었다.

심지어 프링글스를 개발한 프레데릭 바우어는 2008년에 89세의 나이로 사망했는데, 자신을 화장해 프링글스 통에 넣어달라는 유언을 남겼다. 프링글스 통만 있다면 나라도 세울 수 있겠는데?

022 쓸모없지만 알아두면 언젠가 도움 될 것 같은 정보

정보 1

열대지역에서 자라나는 곰팡이 '오피오코디셉스(Ophiocordyceps)'는 개미의 중추 신경을 감염시킨다. 개미는 죽기까지 9일 정도 몸과 마음을 완전히 지배당해 곰팡이가 원하는 대로 움직이게 된다. 정신 조종을 당하는 '좀비 개미'가 되는 것이다.

정보 2

오렌지는 원래 오렌지 색깔이 아니었다. 아시아 지역에서 처음 오렌지가 등장했을 때는 초록색이었다. 베트남이나 태국 등지에서 재배되는 오렌지는 여전히 초록색을 띤다.

정보 3

스코틀랜드는 하늘에서 내리는 눈을 설명하는 단어가 421개나 있다. 눈에 한 맺혔나?

정보 4

삼성전자는 갤럭시 시리즈의 내구성을 테스트할 때 인간의 엉덩이를 닮은 로봇으로 테스트한다. 사람들이 휴대폰을 뒷주머니에 넣고 깔

갤럭시는 깔고 앉아도 된다.
엉덩이 내구성 테스트(?)를 받았기 때문이다.
그렇다고 진짜 깔고 앉으면 안 된다.

문어는 숙회가 맛있다. 문어 1마리를 숙회로
만들지 않고 살려주면 나중에 56,000번
문어 숙회를 먹을 수 있다.

고 앉는 경우가 많기 때문이다.

정보 5

아르마딜로의 껍질은 방탄이다. 실제로 미국에서 아르마딜로에게 총을 쏜 남자가 튕겨 나온 총알에 턱을 맞아 병원에 실려 간 적이 있다.

정보 6

세상에서 가장 긴 영어 단어는 189,819개의 알파벳으로 이루어져 있다. 여기에 쓰는 건 종이 낭비, 시간 낭비이니 궁금하면 나중에 한번 찾아보길.

정보 7

문어는 한 번에 56,000개의 알을 낳는다. 자식들이 10,000명이 넘어가면 이름도 다 기억 못하지 않을까?

정보 8

크리넥스 티슈는 원래 방독면 필터로 사용되었다.

정보 9

대부분의 디즈니 캐릭터는 장갑을 끼고 있다. 이는 캐릭터를 더 쉽게 그리기 위해서였다.

023 | 감옥도 돈 받고 빌려준다고?

풍차의 나라 네덜란드는 감옥도 유명하다. 설마 저 안에 감옥이 있는 건 아니겠지?

감옥은 언제부터 존재했을까? 함무라비 법전이 바빌론에서 만들어진 시기에는 감옥이라는 개념이 없고 그냥 '눈에는 눈, 이에는 이'의 방식으로 처벌했다는 기록이 있다. 범죄자를 가둔다는 개념의 등장은 고대 그리스와 로마 제국의 기록에서 찾아볼 수 있다. 이후 중세, 근대, 현대에도 감옥이 계속 존재해왔다.

정치범이든 잡범이든 아니면 영화 「킹덤」에 나오는 전염병 걸린 좀비든, 감옥은 일반인과 특정 대상을 격리하는 장소로서 사회의 기강을 유지하는 곳으로 사용되어왔다. 보통은 한 나라 안의 범죄자나 그 나라에 거주하는 외국인이 범죄를 저질렀을 때 그들을 감옥에 가둬둔다.

그런데 아예 감옥을 돈 받고 빌려주는 나라도 있다. 바로 네덜란드다. 이 나라는 풍차, 튤립, 히딩크로만 유명한 게 아니다. 보통의 국가들은 감옥 부족으로 어려움을 겪고 있는데, 네덜란드는 오히려 범죄율이 너무 낮아 교도소에 수감될 범죄자가 없어 어려움을 겪고 있고 감

해외에서 실려온 범죄자들은 네덜란드의 감옥에 갇혀 무슨 생각을 할까?

옥이 텅텅 비어 교도소 문을 닫는다고 한다.

왜 이렇게 범죄율이 낮을까? 네덜란드는 범죄자에게 징역을 선고하는 것이 아니라 갱생시키는 걸 목적으로 교육과 치료를 시킨다고 한다. 이 방식이 꽤나 효율적이어서 범죄율은 지난 20년간 지속적으로 낮아졌다.

자국 범죄자가 적다 보니 심지어 노르웨이나 벨기에 같은 인근 국가에 돈을 받고 감옥을 대여해 수입(?)한 타국 범죄자를 가두기도 한다. 또 난민을 위한 아파트나 호텔로 감옥을 리모델링하기도 한다. 정말로 부러운 일이다.

CHAPTER 3

지금은 맞고 그때는 틀리다!

전쟁·역사

024 역사를 바꾼 일대 사건, 쿼츠 파동

시계 안 보는 사람도 있나? 인류 역사에서 정확한 시간은 늘 필수다. 농사를 언제 지어야 할지, 기차가 언제 도착할지, 내가 시킨 햄버거가 도대체 몇 시쯤에 도착하는지 등 인간은 끊임없이 '정확한 시간'을 원한다. 이를 위해 시계가 만들어졌고 끊임없이 개선되어왔다.

옛날에는 부자만 시계를 쓸 수 있었다. 안에 태엽과 스프링을 넣어 소위 말하는 '기계식 시계'를 만들었는데, 작은 부품을 시계 안에 모두 넣어야 했기 때문에 말만 시계 제작이지 '노가다'나 다름없었다. 노동력이 많이 들어가면 가격이 올라가는 것은 당연지사다. 한마디로 당시 시계는 부티 나는 명품이자 '잇 아이템'이었다. 보통 사람은 손목시계는 상상도 하지 못했고(참고로 최초의 손목시계는 1910년대 까르띠에에서 처음 등장했다) 광장에 있는 시계탑을 보면서 몇 시인지 대충 짐작해야 했다.

그렇게 비싼 가격을 주고 산 시계라도 지금 시계만큼 정확하지 않았다. 시간이 지나면 부품들이 마모되고 고장이 났기 때문이다. '돈 낭비' 수준이었지만 그래도 그 당시에는 그게 최선이었다.

정확한 시간을 알고 싶다는 사람들의 바람은 20세기에 들어 조금씩 빛을 보게 되었다. 1927년 캐나다 벨 연구소의 워런 메리슨이 최초의 쿼츠 시계를 만들었다. 석영으로 만들어진 크리스털에 전기를 흘려보

과거에는 이런 큼직한 회중시계를 썼다.
가격은 비싸고 고장도 잘 나며
시간도 잘 안 맞는 불편한 시계였다.

대표적인 쿼츠 시계 중 하나인 카시오.
쿼츠 무브먼트가 등장하면서 세상은
바뀌기 시작했다.

내 진동을 발생시키고, 이 진동이 전기 신호로 바뀌어 태엽에 에너지를 보내 태엽이 굴러가면서 시간을 나타내는 구조다. 쿼츠 시계는 기계식 시계와 비교해보면 그다지 복잡하지 않기 때문에 생산 비용이 저렴하고, 진동수가 훨씬 높아 오차가 적었다. 가격까지 저렴하고 더 정확한 '개꿀' 시계였던 것이다. 하지만 당시에는 크기가 너무 컸고 전력 소모도 많아 상용화되지는 못했다.

이후 꾸준히 기술이 발달해 쿼츠 시계는 우리의 손목에 올라올 정도로 소형화되었다. 1969년 세이코가 '아스트론'이라 불린 쿼츠 시계를 내놓았는데, 당시 물가로 중형차 1대 값 정도여서 많이 판매되진 못했다. 하지만 더 정확하고 더 저렴했기 때문에 시계라는 물건에 대한 사람들의 인식을 바꿔놓기엔 충분했다.

1970년대 들어 일본, 홍콩, 대만의 시계 제조업체들은 쿼츠 무브먼트를 생산하고 저렴한 시계를 찍어내기 시작했다. 쿼츠 시계는 숙련공이나 복잡한 부품 따위가 필요 없고 구조가 간단해 만들기 쉬웠기 때문이다. 1980년대부터 쿼츠 시계는 사람들에게 널리 사랑받았다.

가격이 저렴한데 굳이 안 살 이유가 있을까? 본격적으로 시계를 찍어내기 시작한 일본과 홍콩 업체의 저가 공세에 스위스 업체는 줄줄이 장사를 접었다. 가격 1만 원의 정확한 시계와 가격 수백만 원의 부정확한 시계 중에 무얼 고를지는 이미 답이 나온 것 아닌가? 덕분에 수십 년, 수백 년의 역사를 지닌 유명 시계 브랜드도 줄줄이 망했다. 오죽하면 파텍 필립이나 롤렉스 같은 유명한 기계식 시계 브랜드들도 쿼츠 시계를 만들었을까?

하지만 완전히 죽으라는 법은 없는지 1980년대 후반부터 스와치 그룹이나 리치몬트 그룹 같은 회사들을 중심으로 기계식 시계 브랜드들이 집결했고, 기계식 시계는 다시금 '사치품'의 범주에 들게 되었다. 쿼츠 파동 당시 역으로 기계식 시계에 투자했던 회사들은 시계의 이미지를 고급 스포츠카처럼 '럭셔리'로 만들었고, 이제 쿼츠 시계와 기계식 시계는 완전히 다른 품목이 되었다. 어쨌거나 쿼츠 시계 덕분에 우리는 이제 돈을 많이 들이지 않고도 정확한 시간을 항상 확인할 수 있다.

025 프랑스와 영국이 앙숙인 건 언어에서도 드러난다?

프랑스와 영국은 도버 해협 기준으로 34km 정도의 거리밖에 되지 않는 이웃나라이지만 오랜 앙숙 관계다. 정치, 경제, 사회, 문화, 축구, 패션까지 치고 박고 싸우지 않는 게 없다. 우리나라와 일본 같은 사이라고 생각하면 한 방에 이해가 될 것이다. '백년전쟁' 시기부터 이 두 나라는 대립해왔는데 시간으로만 따져보면 700년에 가깝다.

프랑스어와 영어에 서로의 국가를 비난(?)하는 말이 있다는 것을 알

프랑스와 영국은 심지어 축구도 라이벌이다. 1923년부터 2017년까지 프랑스가 17승 5무 9패로 영국을 압도하고 있다. 영국 애들 기분 좀 나쁘겠는데?

고 있는가? 언어가 한 국가의 정치, 경제, 문화적 상황과 그 언어를 사용하는 사람들의 감정을 반영한다는 점을 생각해보면 프랑스와 영국은 정말 서로를 어지간히 싫어하는 게 확실하다. 다음의 예시를 보자.

French Exit: 아무에게도 말하지 않고 무례하게 (프랑스 사람처럼) 제멋대로 자리를 뜨는 것을 의미하는 표현.
Partirà L'anglaise: 아무에게도 말하지 않고 무례하게 (영국 사람처럼) 제멋대로 자리를 뜨는 것을 의미하는 표현.

아, 참고로 영어에서 French Exit는 Irish Goodbye와 같은 뜻으로 사용된다. 영국과 아일랜드는 오랫동안 한 나라였지만 사이가 매우 나쁘다.

026 ‘맛집 내비게이션’ 미슐랭 가이드는 원래 무료였다?

미슐랭 가이드의 로고.
이 별이 3개면 최고급 식당이다.

미식가들의 바이블로 불리는 미슐랭 가이드는 이제 맛집 탐방에 꼭 필요한 책이 되었다. 매년 세계 유명 도시의 레스토랑들을 리뷰하는 이 책은 100년이 넘는 역사를 자랑하며 세계적으로 공신력을 인정받는다.

그런데 눈썰미가 좋은 사람들은 프랑스의 타이어 회사 미슐랭과 미슐랭 가이드의 스펠링이 같다는 것을 눈치챘을 것이다. 이 책은 타이어 때문에 만들어졌다. 앙드레와 에두아르 미슐랭 형제는 1889년 타이어 회사 미슐랭을 창립했는데, 회사가 커지기 위해서는 당연히 고객이 타이어를 많이 사야 했다. 고객이 자동차를 타고 여기저기 돌아다닌다면 당연히 타이어 판매량이 증가할 것이었다. 생각이 여기까지 미친 미슐랭 형제는 사람들이 장거리 여행을 많이 다니도록 프랑스 전역의 주유소, 맛집, 숙박시설의 위치가 담긴 책을 1900년부터 무료로 배포했다. 이것이 미슐랭 가이드의 시작이었다.

처음 등장했을 때부터 20년이 넘는 기간 동안 미슐랭 가이드는 무료였다. 원래 타이어가 많이 팔리도록 고안된 일종의 '프로모션'이었기 때문이다. 그런데 어느 순간부터 미슐랭 가이드는 돈을 내야 살 수 있는 책이 되었다. 돈독이 올라서냐고? 전혀 아니올시다.

창립자 앙드레 미슐랭은 자신들이 무료로 배포한 책이 아무렇게나 쓰이는 것을 보고 '사람들은 공짜 물건을 소홀히 취급한다.'라는 사실을 깨닫게 되었다. 사람들은 대가를 주고 샀을 때 그것을 소중하게 여긴다는 교훈을 얻은 것이다. 이후 앙드레는 책을 돈 내고 사서 볼 수 있게 만들었다. 돈 받고 파는 대신 안의 내용에 더 신경 썼고 평가 기준은 더 엄격해졌다. 그 결과 오늘날 전 세계 도시의 레스토랑을 사람들에게 소개하는 권위 있는 '맛집 내비게이션'이 탄생했다.

027 어쩌면 혹시? 역사 속 음모론 10가지

거짓말이라고 비난하면서도 속으로는 '혹시?' 하면서 다시 한 번 생각해보게 되는 것이 있다. 바로 음모론이다. 이미 널리 밝혀진 내용과는 전혀 다른 신박한 내용이기 때문에 사람들은 더더욱 음모론에 흥미를 느낀다.

영국 주간지 『이코노미스트』는 2008년 2월, 구글에서 가장 많이 검색된 음모론을 정리해서 세계 10대 음모론으로 소개한 적이 있다. 벌써 10년이 넘은 이야기이지만, 지금껏 이를 대체할 재미있는 음모론이 나오지 않아서인지 여전히 사람들의 입에 오르내리고 있다.

9·11 테러

미국 정부가 2001년 알 카에다의 9·11 테러 계획을 알고 있었음에도 이를 묵인했다는 게 주요 내용이다. 한 발 더 나아가 미국 정부가 테러를 직접 계획했거나 집행했다는 주장도 있다.

미국 네바다주 공군기지 '에어리어 51'

민간인의 출입이 철저히 통제되는 이곳에 외계인과 미확인 비행물체 관련 정보가 숨겨져 있다는 내용이다. 심지어 미국 정부가 이 기지에만 외계인들의 자유로운 출입을 허용했다는 주장까지 있다.

달 착륙

미·소 냉전의 절정기에 구소련의 인공위성 '스푸트니크'호에 한 방 맞고 충격에 빠진 미국이 세트장을 구축해 아폴로 11호의 달 착륙을 연출했다는 주장이다. 이 음모론에 빠지지 않고 등장하는 인물이 바로 영화감독 스탠리 큐브릭인데, 그가 NASA의 달 착륙 영상을 직접 감독했다는 소문도 있다. NASA는 이에 대해 홈페이지를 통해 과학적으로 반박하는 내용을 여러 차례 올렸지만 현재도 음모론자들은 달 착륙이 조작되었다고 주장하고 있다.

파충류 인간 '렙틸리언'

인간의 탈을 쓴 파충류 외계인은 인간보다 지능이 월등하고 초능력을 사용할 수 있다고 알려져 있다. 이 음모론에 따르면 전 미국 대통령인 조지 부시나 트럼프 등 세계를 이끄는 주요 지도자들은 렙틸리언이 인간으로 둔갑한 것이거나 렙틸리언의 조종을 받는 꼭두각시들이라는 것이다. 어디까지나 음모론이기 때문에 신빙성은 없다.

에이즈

인종차별주의자들이 특정 지역의 인종을 몰살시키기 위해 고의로 에이즈를 만들었다는 주장이다. 에이즈는 1980년대에 등장해 인류에게 큰 위협이 되었고 여전히 지구상에 존재한다. 한 조사에 따르면 미국 흑인 중 상당수는 흑인 사회를 통제하기 위해 과학자들이 에이즈를 만들어냈다고 믿는다고 한다.

로큰롤의 황제 엘비스 프레슬리

한 시대를 풍미했던 엘비스 프레슬리가 대중의 시선을 피하려고 죽음을 가장해 사라졌으며, 지금도 어딘가에 은거하고 있다는 주장이다. 엘비스 생존설은 1988년 미국에서 관련 서적이 나온 뒤로 끊이지 않는다. 여기에 살을 붙여 엘비스가 마약 조직에 대해 증언을 했다가 보복이 두려워 숨신 것으로 꾸몄다고 주장하는 내용까지 있다.

비운의 대통령 존 피츠제럴드 잭 케네디 혹은 JFK

JFK는 1963년 퍼레이드 도중 총에 맞아 숨졌는데 이 사건의 배후에 CIA, KGB, 마피아가 있다는 주장이다. CIA 개입설은 반공의식에 투철한 CIA가 자유주의 성향의 케네디를 용납하지 못했다는 내용이고, KGB 배후설은 쿠바 사태로 '열받은' 구소련이 KGB에 암살을 지시했다는 내용이다. 마피아 개입설은 마피아가 케네디 당선 전에 마릴린 먼로와 관련한 스캔들을 무마해줬는데도 취임 후 마피아에 대한 단속을 감행하자 거사에 나섰다는 내용이다.

영국의 대문호 셰익스피어

18세기부터 셰익스피어가 실존 인물이 아니라는 설은 꾸준히 제기되어왔다. 한 사람이 이 정도로 방대한 지식을 갖고 글을 써내려가기 쉽지 않기 때문이다. '진짜' 셰익스피어로는 16세기 영국의 극작가였던 크리스토퍼 말로, 엘리자베스 1세, 프랜시스 베이컨 등이 주로 거론된다.

십자가에 매달린 예수

예수는 순교 후 부활해 하느님의 기적을 사람들에게 알리려 했다. 그런데 예수가 막달라 마리아와 결혼해 아이를 낳았으며 그 후손이 오늘날에도 살아있다는 주장이 있다. 이 이야기는 오랫동안 '야사'로 내려오다 다빈치의 「최후의 만찬」을 모티프로 한 소설 『다빈치 코드』를 통해 전 세계에 퍼졌다. 이후에 파피루스로 된 결혼 문서가 발견되면서 이 이론에 신빙성을 더했다.

영국의 왕세자비 다이애나

1997년 다이애나는 교통사고로 숨졌는데 이 사고의 배후가 영국 왕실이라는 주장이다. 당시 그녀는 도디 알파예드와 연인 관계였는데, 왕세손 윌리엄의 친모인 다이애나가 무슬림과 결혼하는 것을 원치 않은 영국 왕실이 이런 일을 저질렀다는 것이다. 특히 다이애나의 시아버지였던 필립 공이 암살 공모의 핵심이라는 주장이다.

028 역사 속 독재자들은 사람을 얼마나 죽였을까?

역사상 악명 높은 독재자는 셀 수 없이 많았다. 강한 권력을 유지하기 위해 그들은 사람들을 계속 죽였다. 자신에게 쓴소리하는 사람, 반동분자, 옳은 소리 하는 사람, 지나가는 사람까지 모두 다 죽였다.

다음은 대학살을 일으킨 사람과 대학살이 이루어진 나라 그리고 사망자 수 목록이다. 이 목록에는 등장하지 않지만 카다피, 무가베, 후세인, 마르코스 같은 인물도 악명 높은 독재자로 평가되고 있다. 자기에게 반대하면 다 죽인다니 이 정도면 지도자의 탈을 쓴 깡패 아닌가.

야쿠부 고원, 나이지리아(사망 110만 명)

1966년 쿠데타로 정권을 장악하고 '하나의 나이지리아'를 표방했지만 실상은 내 말 안 들으면 다 죽인다는 거나 마찬가지였다. 진짜로 다 죽였다.

하일레 마리암, 에티오피아(사망 150만 명)

에티오피아의 초대 대통령이자 군인인 이 남자는 반대의 반 자만 꺼내도 죽여버렸다. 덕분에 에티오피아는 기아와 굶주림이 넘쳐나는 '개판'이 되었다.

김일성, 북한(사망 160만 명)

그놈의 '백두혈통' 덕분에 이 사달이 났다. 김일성이 재판도 하지 않고 반대파를 숙청해댄 덕분에 그에게 반대했던 사람들은 '아오지'에서 썩어야 했다.

폴 포트, 캄보디아(사망 170만 명)

가수 폴 포츠랑 헷갈리지 말자. 그가 이끌던 준군사 조직 '크메르 루주'는 고문을 자행하고 집단 학살을 했다. 영화 「킬링 필드」는 그 참상을 잘 그려냈다.

이스말리 파샤, 터키(사망 250만 명)

오스만 제국의 장군이었던 그는 쿠데타 시도를 진압하고 전쟁을 일으켜 수많은 사람을 죽였다.

도조 히데키, 일본(사망 500만 명)

제2차 세계대전 전범으로 알려진 그는 학살, 생체 실험 등으로 유명하다. 결국 그는 전쟁이 끝난 후 그 잔혹함 때문에 사형을 선고받았다.

레오폴드 2세, 벨기에(1,500만 명)

아프리카의 식민지를 확보해 원주민을 모두 강제 노동에 내몰았다. 고무 플랜테이션을 통해 어마어마한 돈을 벌었지만 노동자들에게 돌려준 것은 학대뿐이었다.

마오쩌둥은 악마인 데다 더럽기 짝이 없었다. 양치도 안 하고 성병도 자주 걸려 걸어다니는 병균 수준이었다.

킬링필드에서 발견된 유골들. 그들은 잔인하게 죽임을 당했다.

아돌프 히틀러, 나치 독일(1,700만 명)

이 콧수염 난 아저씨, 말이 필요 없다. 홀로코스트로 그가 죽인 유대인만 해도 600만 명이다. '악의 축'에서 가장 두각을 나타낸 사탄의 자식이다.

이오시프 스탈린, 구소련(2,300만 명)

'엉클 조' 스탈린도 만만치 않다. 한 달에 평균 4만 명씩 죽여댔다는데 기독교인, 반동분자, 정적 등 가리지 않고 죽였다. 이 정도면 엉클 조가 아니고 '킬러 조' 아닌가?

마오쩌둥, 중화인민공화국(7,800만 명)

사람이 죽어나간 걸로만 따지면 역사상 최악의 독재자는 두말할 필요 없이 마오쩌둥이다. 난잡한 성생활과 잘못된 판단, 인권에 대한 탄압은 그가 '악마'로 군림하는 데 일조했다.

029 핑크는 항상 여자를 위한 색이 아니었다!

이 색깔을 보면 무슨 생각이 드는가?
진정한 남자는 핑크도 소화할 수 있다.

"핑크는 강렬한 색이므로 남자아이에게 어울리고 파랑은 섬세한 색이므로 여자아이에게 알맞다."

-1918년, 미국 잡지 『언쇼스 인팬츠 디파트먼트』에서 발췌

'핑크'라고 하면 아마도 여자아이들이 입는 드레스나 바비 인형 혹은 디즈니 공주를 떠올릴 것이다. 아니라고? 그럼 당신은 사회적인 고정관념에 얽매이지 않은 사람일 확률이 높다. 이유야 어찌 되었건 분홍색은 대개 '여자 색'으로 여겨지니까.

그런데 분홍색이 여자 색이라는 고정관념이 굳어진 건 얼마 되지 않은 일이다. 18세기만 하더라도 상류층 아이들은 성별 구분 없이 분홍색과 파란색 옷을 입었다. 사실 오히려 당시에는 분홍색을 남성적인 색으로, 파란색을 여성적인 색으로 인식했다. 과거의 패션 잡지나 의류 카탈로그에서는 남자아이들을 위한 색으로 분홍색이 추천되기까

핑크는 여성의 전유물이 아니다. 의외로 남자에게도 잘 어울린다.
뭐? 성 정체성이 의심된다고?

지 했다. 훨씬 더 열정적이고 활동적으로 보인다는 이유에서였다.

그러면 언제부터 분홍색이 여자 색이 되었을까? 의견은 분분하지만 대략 19세기 후반에서 20세기 초반 정도부터 분홍색을 여자 색으로 쓰기 시작한 것으로 보인다. 기업들의 마케팅과 제조사들의 컬러 선정 때문에 분홍색은 이후 수십 년간 여자 색이 되었다. 오죽하면 '핑크 택스'라는 말까지 생겼을까?

하지만 요즘에는 성별 구분 없이 색깔을 자유자재로 사용하는 분위기다. 한마디로 더는 특정 색상이 특정 성별을 대변하지 않는다는 이야기다. 뭐, 아직 고정관념이야 남아 있겠지만 혹시 아는가? 분홍색이 남자들에게 정말 잘 어울리는 색일지도 모른다.

030 미국은 왜 베트남전에 패배했을까?

베트남전에 참전했던 미군 병사들.
베트남전은 미국으로서는 실패한 전쟁이다.

세계 최고의 군대를 가진 미국은 어딜 가든 싸움에서 지지 않는다. 세계 2위부터 10위까지의 군사력을 모두 합쳐도 1위 미국의 군사력보다 규모가 작다고 하니 '경찰국가'의 수준이 어느 정도 되는지 알겠는가? 정치학자 알리 파르카미는 자신의 저서에서 "로마와 대영제국 그리고 미국이 세계적으로 성공한 '제국'을 건설했다."라고 언급하기도 했다.

그런데 '싸움 짱' 미국도 진 적이 있다. 바로 베트남전이다. 1969년 닉슨 행정부가 들어선 이후 미국은 베트남전과 관련된 모든 데이터, 요즘 말로 하면 '빅 데이터'를 종합해 컴퓨터에 넣은 뒤 '언제쯤이면 미국이 승리할 수 있을 것인가?'라는 질문을 던졌다. 컴퓨터의 답은 '1964년'이었다. 이미 5년 전에 끝났어야 하는 전쟁인데, 베트남과 길고 지루한 대치를 계속하고 있었던 것이다.

도대체 어떻게 된 일일까? 사실 미국이라고 해서 다를 건 없었다. 이

베트남전은 쓰잘머리 없는 전쟁이라며 반전 시위가 세계 곳곳에서 열렸다. 미국 본토에서도 정부는 역풍을 맞고 결국 철수해야 했다.

미 베트남은 자기보다 우세한 프랑스를 꺾었던 적이 있다. 그런데도 통킹만 사건을 구실로 미국은 베트남전에 본격적으로 개입했다. 여기까지만 하고 물러났어도 '천조국'의 패배는 없었을지도 모른다. 하지만 미국은 베트남전에 더 많은 돈과 시간을 투자해 전쟁에 깊숙이 개입했다.

패배의 이유야 한 가지가 아니겠지만, 가장 큰 이유는 미국이 베트남을 너무나도 깔봤다는 것이다. 단순히 수치로만 계산해서 자신들의 승리를 확신했던 미국은 오만하기 그지없었다. 10세기부터 20세기까지 베트남에는 총 10번의 외세 침입이 있었는데, 송·명·청·중국·몽골·프랑스 같은 큰 나라들을 이미 다 무찌른 상태였다. 미국인들은 외부의 적이 쳐들어오면 똘똘 뭉쳐 독하게 무찔러내는 베트남 사람들의 문화와 역사를 간과했고 결국에는 패배할 수밖에 없었던 것이다. 약해 보인다고 절대로 얕보지 말지어다.

031 | 그게 사실이 아니라고? 역사 속 반전 11가지

반전 1

크리스마스는 예수의 탄생을 기념하는 날이다. 하지만 원래부터 이 크리스마스가 12월 25일은 아니었으며, 성경 어디에도 예수의 탄생일이 12월 25일이라는 것은 나와 있지 않다. 역사가들에 따르면 사실 예수는 봄에 태어났을 것이라고 한다.

그럼 도대체 왜 생일도 아닌 12월 25일이 크리스마스가 된 걸까? 당시 로마가 사용하던 율리우스력에서 한 해 중 가장 해가 짧고 어두운 날은 12월 25일이었는데, 어둠이 짙은 날, 믿음, 소망, 사랑의 등불을 밝히고자 구세주가 도래했다고 받아들이기 시작한 것이 크리스마스의 기원이 되었다고 한다.

반전 2

독일은 맥주, 공학, 아우토반으로 유명하다. 많은 사람이 히틀러가 아우토반을 만든 것으로 알고 있는데, 이는 사실과 다르다. 물론 그가 아우토반을 만드는 데에 많은 공헌을 했고 '국민차' 폭스바겐의 비틀을 만들라고 지시한 것은 사실이지만, 애초에 아우토반은 1932년, 즉 히틀러 집권 이전 시기부터 개통되었다.

반전 3

영화 「300」에 스파르타 군인들이 멋지게 싸우는 장면이 나온다. 물론 스파르타군이 테르모필레 전투에서 300명으로 전투에 임한 것은 맞지만 그리스 지원군이 5,000명 정도 되었으며, 협곡에도 테스피아인 700명, 테베인 300명이 더 있었다. 영화 같은 이야기는 사실 거짓이다. 물론 페르시아군이 10만 명 정도였으니 대단한 건 맞지만….

영화 「300」의 가장 큰 오류는 페르시아 제국을 악마의 화신으로 묘사했다는 것이다. 영화 개봉 당시 오리엔탈리즘이라는 비난을 받으며 보이콧당하기까지 했다.

그리고 영화에 등장하는 페르시아의 왕 크세르크세스는 그렇게 악마 같은 사람은 아니었다. 그의 아버지 다리우스 대제는 페르시아를 대제국으로 만들었는데, 그가 대제국을 만들 수 있었던 가장 중요한 요인은 바로 타민족에 대한 '관용'이었다.

반전 4

로마의 독재자 카이사르가 제왕절개로 태어났다고 해서 제왕절개를 영어로 'Caesarean Section'이라고 한다. 하지만 율리우스 카이사르는 자연분만으로 태어났다.

반전 5

현재 라면 시장에서 1위를 차지하고 있는 농심 이전에는 삼양라면

이 1등이었다. 1989년 우지 파동 이후 삼양라면이 추락해 신라면이 1위 자리가 되었다고 믿는 사람이 많다. 하지만 사실 그 이전인 1985년부터 농심이 줄곧 1위 자리를 지켜왔다.

반 고흐는 귀를 다 자르지 않았다.
귓불만 잘랐다.

반전 6

에디슨이 전구를 가장 먼저 발명했는가에 대한 논쟁은 꽤 오래되었다. 결론만 말하면 그는 전구를 가장 먼저 발명한 사람이 아니다. 이미 에디슨이 전구 특허를 등록하기 5년 전인 1874년에 캐나다인 매튜 에반스가 전구 특허를 등록했다.

반전 7

네덜란드의 유명 화가 빈센트 반 고흐가 귀를 잘랐다는 건 널리 알려진 사실이다. 고흐가 귀를 자른 이유에 대해선 '동생의 결혼 소식에 놀라서', '정신병이라서' 등 많은 속설이 있다. 하지만 사실 그는 귀 전체를 잘라낸 것이 아니라 '귓불'만 잘랐다고 한다. 귀를 완전히 잘라버린 것이라는 오해는 귀에 붕대를 두른 모습의 「자화상」 때문이라고 한다.

반전 8

고려장은 고려 시대에 없었던 풍습이다. 고려장은 '노인을 땅에 생매장하거나 산에 버리는 장례'라는 의미에서는 한국에 존재하지 않은 풍습이다. 그와 비슷한 장례 문화와 풍습이 있다는 말도 이전의 역사서에서는 전혀 찾아볼 수 없다. 국권 침탈기에 친일적인 인물이 남긴 기록과 일제 강점기의 몇몇 기록에만 있을 뿐이다.

반전 9

한국의 로마자 표기는 원래 Corea였는데 일제 강점기에 Korea로 바뀌었다는 건 사실이 아니다. 이미 그 이전부터 두 표기가 혼용되어 사용되었고, 일제가 그랬다는 것을 입증할 명확한 증거는 없다. 한마디로 낭설인 셈이다.

반전 10

윤봉길 의사가 던진 것은 도시락 폭탄이 아니었다. 그는 물통 폭탄을 던졌다. 홍커우 공원 의거 당시에 도시락 폭탄은 자결용이었고, 물통 폭탄은 의거용이었다. 도시락 폭탄을 미처 터뜨리지 못해 자결에 실패했고 이것이 사진에 찍히면서 사람들이 도시락 폭탄을 던지려 했다고 착각하게 된 것이다.

반전 11

알렉산더 그레이엄 벨은 최초로 전화를 발명하지 않았다. 최초로 전화를 발명한 사람은 이탈리아의 안토니오 메우치였다. 그는 벨보다 무려 21년이나 앞서 전화를 발명했다.

032 독일군이 패전한 것은 노르망디 상륙작전 때문이었다?

'노르망디 상륙작전'이라고 하면 아마 「라이언 일병 구하기」에서 보았던 오마하 해변 전투를 떠올릴 것이다. 실제로 이 전투에 참여했던 노병들은 이 영화를 보고 너무나도 사실적인 전투 묘사 때문에 구역질을 했다고 한다. 그만큼 그 실상은 잔혹했지만, 그 전투 덕분에 연합군은 전쟁에서 추축국을 물리치고 평화를 되찾을 수 있었다.

노르망디 상륙작전은 역사상 가장 거대한 작전이었다. 미군, 영국군, 캐나다군을 합쳐 '오버로드 작전'에 참가한 병사만 해도 약 15만 명이고, 전투함과 상륙함 6,939대, 비행기 2,395대가 투입되었다. 영국에서 출발하는 배들이 싣고 있던 물자만 해도 700만 톤이었으며, 이중 45만 톤은 탄약이었다.

그런데 한 가지 의문점이 든다. 이 정도 규모의 작전이면 독일군이 바보가 아닌 이상 충분히 눈치채고도 남았을 텐데, 도대체 독일군은 이거 안 막고 뭘 한 거지?

사실 독일군도 눈치는 채고 있었다. 총통 히틀러는 정복되지 않은 영국에서 연합군이 병력을 상륙시키리라 생각했고, 그 지역이 노르망디라고 막연하게 예측하였다. 그래서 자신의 부하 중 가장 뛰어난 장군이었던 '사막의 여우' 롬멜을 이 지역의 사령관으로 임명했다.

원래 상륙 날짜였던 디데이는 1944년 6월 5일이었다. 그런데 그날

날씨가 너무 안 좋아서 연합군은 상륙작전을 하루 미루어 6월 6일에 감행했다. 독일군은 기상 악화 때문에 연합군이 상륙하지 못하리라 생각하고 경계를 소홀히 했으며 이곳을 맡고 있던 에르빈 롬멜은 휴가를 가버렸다. 연합군도 어쩔 수 없이 상륙작전을 감행했는데, 이것이 결론적으로는 전화위복이 된 셈이다. 일부 전문가들은 독일이 전력을 다했다면 연합군의 병력이 몰살당할 정도로 안 좋은 결과를 낳았을 것이라고 주장한다.

한마디로 운이 좋았다는 것이다. 대충 막았는데도 오마하 해변에서 그렇게 많은 병력이 죽어나갔으니 당연한 것 아닌가? 6.25 전쟁도, 노르망디 상륙작전도 모두 방심해서 그렇게 된 거다.

033 빨간 놈과 파란 놈의 '콜라 튀기는' 전쟁

1900년대 초반

펩시와 코카콜라는 서로를 '저격'하면서 자사의 제품이 훨씬 더 약효가 뛰어남을 강조했다. 두 음료 모두 약사의 손에 의해 탄생했다는 공통점이 있는데 코카콜라가 먼저 생겨서 시장을 선점했다. 참고로 펩시의 창립자인 브래드햄은 코카콜라를 사들이려고 했지만 실패했고 이후에는 계속 코카콜라가 1위 자리를 차지했다.

제2차 세계대전 시기

코카콜라는 제2차 세계대전 이후 해외에 파견된 미군에게 콜라를 독점 공급했다. 전쟁이 끝나고도 펩시는 만년 2등 자리를 벗어나지 못했다. 그래도 격차를 줄이긴 했다.

1973년

펩시는 코카콜라를 이기기 위해 갖은 노력을 다했는데 그중 하나가 바로 '펩시 챌린지'였다. 눈을 가리고 펩시와 코카콜라를 맛보게 해 사람들이 어떤 콜라를 선택하는지 보여주는 광고였는데, 놀랍게도 사람들은 펩시를 더 많이 선택했다. 그래도 여전히 1등은 코카콜라가 차지하고 있다.

코카콜라가 항상 1등인 건 다 이유가 있다. 사실 펩시보다 코카콜라가 더 맛있다.

펩시는 마운틴듀와 같이 '콜라 아닌 제품'으로 성공을 거뒀다. 역시 안 될 거 같으면 빠르게 포기하고 다른 길을 찾는 것도 나쁘지 않은 선택이다.

1985년

우주로 가는 콜라가 어떤 게 될 것인지로도 펩시와 코카콜라는 '전쟁'을 벌였다. 당시 코카콜라가 우주 왕복선에 실려 우주로 가는 것으로 정해졌지만 펩시의 반발로 결국 둘 다 우주 공간에서 테스트를 거쳤다. 하지만 최종적으로 탄산음료가 우주비행사에게 미치는 문제 때문에 두 회사 모두 NASA의 우주인들에게 자사의 제품을 제공할 수는 없었다.

코카콜라는 '뉴 코크'라는 새로운 제품을 내놓지만, 소비자들의 엄청난 항의와 비난에 직면한다. 오죽하면 직원들이 코카콜라 유니폼을 입고 퇴근하지 못할 정도였다고. 결국 예전 제품을 다시 판매하기로 했고, 소비자들에게 더 큰 인기를 얻었다.

2000년대

'2인자' 자리에서 탈피하지 못한 펩시는 전략을 바꿨다. 웰빙 시대에 맞춰 탄산음료보다는 과일주스나 시리얼 같은 음식을 강화하는 전략을 채택한 것이다. 그 결과 펩시의 전체 매출이 코카콜라를 이길 수 있게 되었다. 그렇지만 '콜라 전쟁'에서는 한 번도 이기지 못했다.

034 히틀러 vs 나폴레옹, 누가 더 나쁜 놈일까?

세계사에서 막강한 권력을 쥔 인물 2명만 꼽으라면 히틀러와 나폴레옹이리라. 둘 다 살면서 한 일은 비슷하다. 야심이 넘쳤고, 다른 나라를 정복하기 위해 전쟁을 일으켰으며, 한 나라를 대표하는 황제와 총통이 되기까지 했다. '평행이론'처럼 둘의 삶은 닮았다. 그런데 한 명은 최악의 독재자로, 한 명은 나라를 바꾼 영웅으로 평가된다. 뭔가 이상하지 않나? 두 인물이 어떤 길을 걸어왔는지 살펴보고 비교해보면 답이 나올지도 모른다.

먼저 이 둘이 어떻게 지도자의 자리에 올라서게 되었는지를 살펴보자. 나폴레옹은 원래 군인 출신으로 1789년 프랑스 대혁명 이후부터 정치가로 경력을 쌓았다. 군인일 때 연전연승하며 명성을 얻은 그는 쿠데타를 통해 압도적인 인기로 제1통령이 되고 이어 1804년 스스로 황제의 관을 쓰며 황제의 자리에 앉게 되었다.

히틀러는 어땠을까? 당시 바이마르 공화국은 경제적·사회적으로 매우 혼란스러웠다. 히틀러는 이런 상황에서 나치당의 당수로 등장해 국민의 지지를 받으며 권력을 잡았다. 대통령 힌덴부르크가 죽자 스스로 대통령을 겸한 총통으로 취임하며 나치 독일 시대를 시작했다.

여기까지만 본다면 그나마 합법적으로 높은 자리까지 올라간 히틀러가 정당성을 가진다. 나폴레옹은 쿠데타를 일으켰으니까. 나폴레옹

나폴레옹과 히틀러는 당시에는 그다지 작은 키가 아니었다. 현재로 따지면 나폴레옹은 작은 편에 속하지만 말이다.

1점.

히틀러와 나폴레옹의 공통점이 하나 있다. 바로 러시아 침공에 실패해 망조가 들었다는 것이다. 심지어 이 둘이 연도는 다르지만 같은 날짜인 6월 22일에 러시아 침공을 시작했다. 정말 '평행이론' 같은 일이다. 연이은 승리로 자신감이 붙어서였는지 러시아의 추위를 생각하지 않고 다짜고짜 러시아를 침공했다. 이 부분에서는 나폴레옹의 손을 들어주어야 할 것 같다.

히틀러는 이미 독일 군부에서 나폴레옹의 사례를 바탕으로 한 경고 내용을 알고 있었지만 무리하게 '바르바로사 작전', 즉 러시아 침공을 감행했다. 학습 효과가 전혀 없는 놈인가? 역사를 잊은 민족에게 미래는 없다더니, 독일 국민에게는 안타깝게도 이런 놈이 지도자였다. 히틀러 1점.

다음은 키다. 우리는 흔히 나폴레옹을 '난쟁이 똥자루'로 알고 있지만, 사실 그의 키가 그렇게 작았던 것은 아니다. 168cm는 당시의 영양 공급 수준이나 보건 수준을 생각한다면 그렇게 작은 키가 아니었다. 당시 프랑스의 20대 군인들의 평균 키가 164cm였으니까.

히틀러의 키는 175cm였다. 징병검사에서 허약 체질 판정을 받았지만 히틀러의 키도 그렇게 작은 편은 아니었다. 단순히 키만 보면 히틀러가 우월하다. 그런데 최홍만이 이 둘을 본다면 무슨 생각을 할까? 히틀러 1점.

둘의 또 다른 공통점은 영국을 적으로 돌렸다는 것이다.
그리고 그 결과는 그다지 좋지 않았다.

두 인물의 또 다른 공통점은 바로 잔인한 학살을 저질렀다는 것이다. 나폴레옹은 아이티의 흑인을, 히틀러는 유대인을 학살했다. 둘 다 독가스를 사용해 죄 없는 사람들을 죽였다. 나폴레옹은 유황가스를 사용해 10만 명을 학살했으며, 히틀러도 독가스를 사용해 수백만 명의 유대인을 죽였다. 재미있는 것은 평소 나폴레옹을 존경해온 히틀러가 아이티 학살에서 아이디어를 얻어 유대인을 학살했다는 이야기도 있다. 원작만한 속편 없다는데, 이번 경우에는 속편이 더 잔인하다. 히틀러 1점.

둘의 마지막 공통점은 '영국'이다. 당시 나폴레옹에 맞설 나라는 대륙에 없었지만 섬나라 영국에 패배해 침몰하게 된다. 넬슨 제독이 1805년 트라팔가르 해전에서 승리를 거둔 이후에 물러난 나폴레옹은 훗날 영국과 워털루 전투를 하지만 또다시 패배하게 된다.

히틀러도 영국과 미국이 주도한 '노르망디 상륙작전' 때문에 전세가 뒤집혀 전쟁에서 패배했다. 한때 영국 본토를 공격할 만큼 기세가 등등했으나 영국을 완전히 정복하지 못하고 러시아를 침공한 죄로 양쪽에서 얻어터져야만 했다. 프랑스와 독일 모두 영국을 싫어하는 이유가 있다. 이번에는 무승부로 해야겠다.

그렇다면 과연 둘 중에 마지막에 웃는 사람은 누가 될까? 나폴레옹과 히틀러를 가르는 가장 큰 차이점은 '결과'다. 나폴레옹은 각종 제도를 개선했고, 법전을 만들었으며, 그가 죽은 후에도 프랑스는 갈기갈기 찢어지지 않았다.

하지만 독일은 히틀러가 죽고 제2차 세계대전에서 패배한 뒤 동독과 서독으로 갈라져 오랜 기간 분단의 아픔을 겪어야 했다. 거기에 히틀러는 12년간 권력을 행사하고 나서 독일에 쓰레기만 남기다시피 했다. 이 점만 본다면 결국 더 나쁜 놈은 히틀러라고 할 수 있다.

역사는 승자의 것이라지만, 시간을 두고 비슷하게 반복된 역사에서 두 인물의 평가가 극과 극을 달리는 것은 참으로 아이러니하다.

035 세계에서 가장 특이하고 신기한 총 8자루

중국이 9세기에 화약을 발명한 이래로 적과 가까이 붙지 않고 적을 죽일 수 있는 총은 꾸준히 그 성능이 개선되어왔다. 기술이 발달한 덕분에 이제 총은 매우 강력한 위력을 지닌 무기가 되었다. 그런데 '총'이라면 여전히 K-2, M16, AK-47 정도만 아는 당신, 시대에 뒤처진 사람이다. 기술 발달 덕분에 사람들은 더 강력하게, 더 안전하게 총을 쏠 수 있다.

코너샷

원래 총을 쏘려면 자신의 몸을 어느 정도 드러내고 쏴야 한다. 하지만 코너샷은 구석에서 완전히 엄폐하고도 상대에게 피해를 줄 수 있게 설계된 총이다. 총이 구부러지기 때문이다. 간단한 발상의 전환이지만 이렇게나 크게 바뀔 수 있다.

ADS

예전의 총들은 물에 빠지면 작동할 수 없었다. 하지만 러시아 특수부대에서 쓰는 ADS는 물에서도 쏠 수 있다. 분당 700발, 25미터의 사격 거리는 덤이다.

맥풀 FMG-9. 크기가 작아서 몸속에 쉽게 숨길 수 있다.

FN57. '총과 방패'의 대결이 있다면 이 총은 백전백승이다.

맥풀 FMG-9

총은 원래 부피가 크다. 하지만 맥풀 FMG-9은 접으면 노트북 배터리 크기밖에 되지 않아 휴대가 매우 간편하다. 소재도 철이 아닌 경량 폴리머로 만들어져 매우 가볍다.

아르마틱스 iP1

영화에서 주인공이 들고 있던 권총을 적에게 뺏겨 겨눔을 당하는 장면을 보면서 '저 멍청한 녀석'이라며 혀를 내두른 적이 있지 않은가. 하지만 아르마틱스 iP1만 있다면 그럴 일은 전혀 없다. 지문인식으로 작동하는 총이기 때문이다.

FN57

모든 걸 다 뚫어버리는 총이 있다면 어떨까? 영화 「아저씨」에서처럼 몇 발씩 총알을 낭비해가며 쏠 필요가 없다. P90으로 유명한 벨기에의 FN이 만든 FN57은 방탄 헬멧과 방탄복도 뚫을 수 있다. 물론 이를 막을 또 다른 방패가 등장하긴 하겠지만.

PHASR

모든 총이 살상용으로 만들어진 것은 아니다. 미 국방성에서 개발한 PHASR은 사람을 죽이는 것이 아니라 상대의 눈을 멀게 해 전투 능력을 일시적으로 상실하게 만든다.

ZiP

영화에서 주인공들이 온몸에 탄창을 둘러메고 다니면서 총알을 갈아끼는 장면을 보았을 것이다. '탄창 무게도 꽤 나가는데, 저거 무겁지 않나?'라는 생각이 드는데, Zip은 총 내부에 예비 탄창과 탄알을 저장할 수 있는 공간이 있어 간편하게 들고 다닐 수 있다. 총도 플라스틱으로 만들어져 매우 가볍다.

리버레이터

이제 권총을 누구나 만들 수 있다면 어떨까? 3D 프린터로도 권총을 제작할 수 있다. 바야흐로 권총을 사는 것이 아니라 이메일로 보내는 시대가 온 것이다. 리버레이터(liberator, 해방자)라는 이름대로 총기 규제로부터 우리를 해방해줄 그 무언가가 등장했다. 이를 규제할 적절한 법령이 등장해 큰 사고가 일어나지 않기만을 빌 뿐이다.

CHAPTER 4

솔직히 까놓고 말해보는

성·연애

036 인류가 섹스를 즐긴 건 언제부터일까?

섹스가 번식이 아닌 쾌락의 목적으로 이용되기 시작한 건 현대에 들어서다.

섹스는 새도 하고, 벌도 하고, 개도 하며, 네안데르탈인이나 크로마뇽인 같은 원시인도 했다. 하지만 동물의 짝짓기와 인간의 섹스는 차이가 있다. 바로 동물들은 번식을 위해서 하지만, 인간은 쾌락을 위해서도 한다는 점이다. 당신이 여자친구와 '뜨거운 밤'을 보낼 때 임신을 염두에 두는 건 아니지 않나? 그러다 보니 동물의 교미는 발정기에 이루어지는 것이 보통이지만, 인간은 발정기가 아니더라도 사시사철 할 수 있다. 이 정도는 성에 관심이 많은 사람이라면 잘 알고 있는 기본 상식이다.

그런데 도대체 언제부터 인간이 이 '끈적한 놀이'를 즐겼는지 아는가? 이 질문에 대한 해답을 구할 수 있는 사람이라면 아마도 역사 지식이 풍부한 사람일 것이다. 섹스의 역사는 아주 오래되었기 때문이다. 너무 추상적인 답변이라고? 그럼 지금부터 구체적으로 설명하겠다.

매춘의 역사가 인류의 등장과 함께 시작되었다는 사실을 생각해보면 답은 쉽게 나온다. 중국, 그리스, 이집트 로마 제국, 인도 등 할 것 없이 고대부터 매춘은 성행했다. 매춘하는 이유는? 당연히 쾌락을 위해서다. 청동기 시대에도 매춘이 존재한 걸 보면 인류가 섹스로부터 쾌락을 얻을 수 있음을 깨달은 건 상당히 오래전임을 알 수 있다.

그렇다면 과거와 현재의 섹스는 차이가 없을까? 물론 차이가 있다. 과거에는 섹스와 임신이 노동력 확보를 위한 수단으로 이용되었다. 하지만 산업 혁명과 정보 혁명이 도래하면서 인류는 섹스를 유희로 생각하기 시작했다. 피임기구와 의술의 발달 덕에 인류는 끈적한 놀이를 자유롭게 즐기는 시대를 살고 있다.

037 자위를 많이 하면 진짜로 뼈가 삭을까?

'해피 타임'을 싫어하는 남자는 없을 것이다. 성욕은 수면욕, 식욕과 함께 인간의 기본적인 욕구 중 하나다. 그 말인즉슨, 졸리면 자고 배고프면 밥 먹는 것처럼 자연스러운 욕구라는 거다. 우리 중 누구도 잠자는 걸로, 밥 먹는 걸로 창피해하지 않는다. 왜냐고? 안 하면 죽으니까.

하지만 성욕은 조금 다르다. 번식에 필수이긴 하지만, 안 해도 살아갈 수는 있으므로 수면욕이나 식욕보다 대접을 덜 받는다. 여기에 오랜 기간 이어져 온 사회적인 시선 때문에 어느 순간부터인가 사람들은 '해피 타임은 부끄럽고 창피한 것'이라고 인식하게 됐다. 그뿐만 아니라 '자위행위를 많이 하면 뼈가 삭는다.'라는 말에서도 알 수 있듯이, 사람들은 자위를 건강에 좋지 않은 것이라고 생각한다.

그런데 진짜로 자위를 많이 하면 뼈가 삭을까? 결론부터 말하면 그렇지 않다. 오히려 자위를 적당히 하면 건강해진다. 거짓말하지 말라고? 진짜다. 무려 하버드 의대 연구진이 밝혀낸 결과다. 세계에서 가장 똑똑한 사람들만 모이는 곳이니 이제 좀 신빙성이 생기지 않나?

하버드대 연구진은 오랜 기간 자위와 관련된 연구를 진행했다. 3만 1,000여 명의 남성을 대상으로 평소 자위 횟수, 건강 상태, 생활 습관 등을 관찰했다. 그 결과, 주기적인 해피 타임이 전립선암 예방 및 성 관련 질병을 예방하는 데 효과가 있음이 밝혀졌다. 한 달에 21번(!) 자

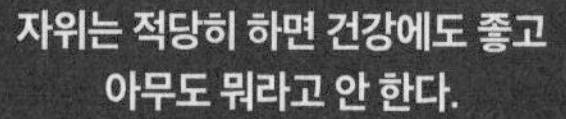

자위는 적당히 하면 건강에도 좋고
아무도 뭐라고 안 한다.

과거에는 자위를 악마의 행위로 보았다.
옛날 사람들 다 전립선염 걸린 거 아냐?

위를 하는 사람은 한 달에 7번 미만으로 자위하는 사람보다 전립선암에 걸릴 확률이 19%까지 낮았다. 자위를 통해 정자가 배출되고 새로운 정자가 만들어지는 과정에서 전립선이 활성화되어 정상적인 성 기능을 유지할 수 있기 때문이다. 또한 자위하면서 분비되는 엔도르핀과 도파민 등의 호르몬이 몸에 쌓인 스트레스를 줄여주어 더 건강하게 만들어준다.

하지만 그렇다고 해서 한 달에 21번씩 '나만의 해피 타임'을 갖는 건 건강에 무리가 갈 수 있다. 너무 거칠게 하면 음경 조직에 손상이 가서 통증을 유발할 수도 있고, 너무 많이 하면 발기 시 성기가 휘어지는 음경만곡증이 발생할 수도 있다. 한 달에 몇 번이 가장 이상적인지에 대한 정답은 없지만 피 나올 때까지 하면 몸 상한다.

038 | 여러분이 틴더에서 이성을 만나지 못하는 이유는?

'불쏘시개'라는 어원 때문일까? 틴더의 로고는 불이 타고 있는 것처럼 생겼다. 뜨거운 사랑을 나누라는 이야기인가?

이제 집 밖에 나가지 않아도 이성을 만날 수 있다. 말이 되는 소리냐고? 진짜다. '데이팅 앱'을 사용해본 경험이 한 번쯤 있을 것이다. 이제 스마트폰으로도 충분히 데이트를 할 수 있다. 지금까지는 이성을 만나려면 집에서 특정 장소로 이동해야 했지만 이제는 방구석에서 떡진 머리로도 이성을 만날 수 있다. 한마디로 시간과 공간의 제약을 받지 않는다.

변화해가는 데이트 문화의 중심에 있는 수많은 앱 중에서 틴더는 단연코 근본 있는 애플리케이션이다. 마음에 드는 사람은 오른쪽, 마음에 들지 않는 사람은 왼쪽으로 스와이프해 누군가와 매칭되면 데이트가 시작된다. 2012년에 처음 등장한 이 애플리케이션은 꽤 유서 깊은(?) 역사를 자랑하는 데이팅 앱 계의 '뿌리 깊은 가문'이다. 국내의 수많은 데이팅 앱이 돈을 '발라야만' 매칭이 성사되는 것과 달리 틴더는 돈을 쓰지 않더라도 충분히 좋은 이성을 만날 수 있다.

그런데 틴더를 이용해도 지금까지 매칭이 안 된 사람도 있다. 성공적인 매칭 방법이 도대체 뭐냐고 궁금해하는 이들을 위해 요령 하나를 공개한다.

틴더에서는 다양한 사람을 만날 수 있다. 단, 이상한 사람이나 스팸 계정도 많으니 항상 조심할 것!

틴더의 알고리즘은 간단하다. 앱을 켜놓고 있는 사람을 우선순위로 두어 먼저 보여준다. 그러니 앱을 켜두고 스와이핑을 하는 시간이 늘어난다면 매칭 확률이 높아지겠지?

그렇게 해도 매칭이 안 된다고? 그러면 프로필을 바꿔서 매칭 확률을 높일 수 있다. 역시 가장 중요한 것은 상대에게 보이는 사진이다. 가장 좋은 사진은 해외여행이나 액티비티 사진이라는 틴더 이용자들의 설문 조사 결과가 있었다. 그런 사진은 대화의 주제가 될 수 있고, 더 나아가 상대방의 취향도 파악할 수 있기 때문이다. 그리고 동물 사진은 누구나 좋아하니 올려놓는 게 좋겠지?

남자들은 여자의 자기소개를 별로 유심히 보지 않지만 여자들은 남자의 자기소개를 신경 써서 본다. 가장 좋은 건 유머러스하면서도 센스 있는 자기소개다. 이성을 별로 만날 생각이 없고 눈팅만 한다면 이렇게 남겨도 좋겠다. '신체 건강하고 콩팥 둘 다 이상 없으며 흡연이랑 음주 안 하시는 O형 찾아요.'

039 오르가슴을 느끼게 하는 방법, 아직도 몰랐다고?

인간의 몸은 매우 복잡하다. 특히나 쾌락과 관련된 문제에서는 더 더욱 복잡하다. 인간의 몸도 제대로 모르는 사람이 대부분인데 어떻게 상대방을 즐겁게 해줄 수 있을까? 남자들이야 한 번 '꿀럭꿀럭' 하면 끝이지만, 여자의 몸은 본인들도 제대로 모를 정도로 복잡하다.

당신의 연인 혹은 아내를 즐겁게 해주고 싶을 때 꼭 읽어야 할 내용을 공개한다. 사랑 나누는 걸 글로 배워서 이상하다고? 책을 읽는데 왜 눈물이 나는지 모르겠다고? 우선 알아두고 실전에서 써먹어보는 걸 목표로 삼자.

클리토리스 오르가슴

가장 잘 알려진 오르가슴을 느낄 수 있는 부위다. 접근도 쉬운 편이라 난이도가 낮은 편이다. 여성도 이 부위의 자극을 좋아하고 남성도 여성의 자극적인 반응을 알고 있다. 단, 너무 거칠게는 말고 부드럽게, 지속적으로 터치해야 한다. 잘 모르겠다면 어떻게 해주는 게 좋냐고 여자에게 물어보는 것도 괜찮은 방법이다.

질 오르가슴

질 또한 오르가슴을 느끼는 부위로 잘 알려져 있다. 부끄러움이 많은 커플이라면 아마도 이 방법이 유일하게 상대방에게 해피 타임을 선사할 부위가 아닐까 싶다. 단순히 넣는다고 해서 느껴지는 것은 아니다. 접근은 쉽지만 오르가슴에 도달하기 가장 어려운 부위다. 고생 끝에 낙이 온다고, 성공만 하면 '우주를 둥둥 떠다니는' 기분을 느낄 수 있다. 충분한 대화를 통해 원하는 바를 서로 전달하는 것이 중요하다.

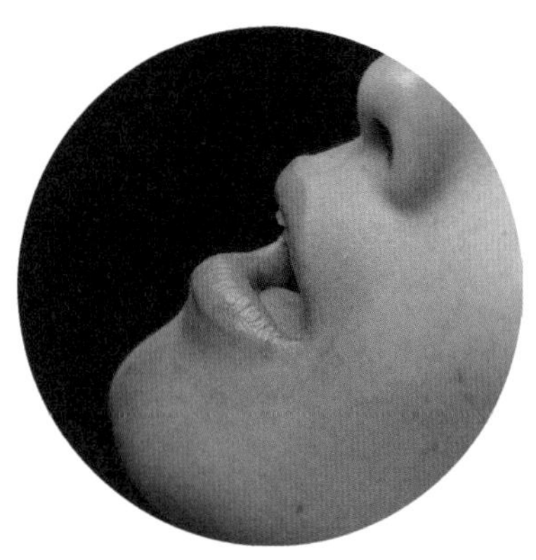

우주를 둥둥 떠다니는 느낌을 받고 싶다면 파트너와 많은 대화를 해야 한다.

멀티 오르가슴

질과 클리토리스를 동시에 자극하면 더 좋다. 1+1은 항상 기분 좋지 않은가? 같은 노력을 해도 2배의 결과가 돌아온다. 지금까지 연구된 오르가슴 중 멀티 오르가슴은 '진정한 오르가슴'이라고 불릴 만한 쾌락을 주며, 성공하게 된다면 여성의 몸 전체가 덜덜 떨리고 자극에 민감해지게 된다. 처음에는 쉽지 않으니 꾸준히 연습해보길 바란다.

금지된 그곳

어딘지 대충 알 것 같다고? 맞다. 여러분이 생각하는 그곳이다. 많은 여성은 냄새, 종교적 이유, 사회적 선입견과 두려움 때문에 절대 시도하지 않는 그곳이다. 해본 사람들도 아프기만 하고 별로라고 말한다. 하지만 그중 몇몇은 이곳을 통해 엄청난 쾌락을 맛보기도 한다. 해

헬스할 때도 오르가슴을 느낄 수 있다.
운동해서 탄탄한 몸도 만들고, 쾌락도 느끼고 일석이조.

보려면 처음부터 무작정 넣으면 안 된다. 천천히 넓히는 과정을 통해 상처가 나지 않도록 해야 한다(매우 민감한 부분이기 때문이다). 그리고 하기 싫다는데 억지로 하지도 말아야 한다.

헬스 오르가슴

한 연구에 따르면 여성들은 운동을 통해서도 성적 쾌락을 맛볼 수 있다고 한다. 물론 남자친구와 '뜨밤'을 보내는 것만큼은 아니겠지만 복근 운동, 자전거, 에어로빅 등을 통해서 느낄 수 있다. 미국 인디애나 대학교의 성 건강증진 연구소가 최근에 발표한 연구에 따르면 운동 중 성적인 쾌감을 느끼는 여성이 크게 늘었으며, 참가한 여성 중 45%가 복근 운동을 할 때 오르가슴을 느꼈다고 한다. 몸에 식스팩을 장착할 합리적인 이유가 하나 더 추가되었다.

040 폰허브로 야동 보면서 전기도 만들 수 있다?

인간에게 성(性)은 본질적인 부분이다. 번식과 쾌락으로 직결되기 때문에 인류 역사에서 성은 빼놓을 수 없을 만큼 중요하다. 동영상이 없던 시기에는 사진으로, 사진이 없던 시기에는 그림으로 누군가는 꼭 '외설물'을 만들어냈다. 그러니까 자신이 살면서 야동을 한 번도 보지 않았다고 말하는 건 말이 안 된다.

기술이 발달하면서 포르노는 온라인으로 옮겨가기 시작했다. 인터넷 속도가 빨라지면서 실시간으로 야동을 감상할 수 있는 시대가 온 것이다. 이 온라인 포르노에서 독보적인 위치를 차지하고 있는 회사가 바로 폰허브다. 2007년 캐나다에서 처음 시작된 이래로 '딸플릭스' 혹은 '야동계의 유튜브'라는 별명에 걸맞게 방대한 영상으로 우리를 즐겁게 해주는 곳이다(물론 우리나라에서 이 사이트에 접속하는 것은 허용되어 있지 않다). 2016년 폰허브가 스트리밍한 영상의 용량은 자그마치 31억 GB, 사람들이 1년 동안 본 영상만 해도 무려 919억 개라고 하니 이 별명을 얻을 자격이 있다.

그런데 재미있게도 포르노 사이트 주제에 야동만 주야장천 올리는 것이 아니라 의류 회사와 협업하기도 하고 각종 캠페인을 진행한다. HBA, 무스너클, 이지서플라이, SSENSE 등 패션 분야에서 유명한 회사들과 협업해 자사의 로고가 새겨진 의류를 만들기도 하고 기업의 사

야밤에 폰허브에 접속하는 것만큼 짜릿한 건 없다. 불법인데 어떻게 접속하냐고? 나도 모른다.

어쩌면 우리의 해피 타임을 기록해줄 '폰허브 표 애플워치'가 등장할지도 모르는 일이다.

회적 책임을 위해 유방암 캠페인이나 지구 살리기와 같이, 포르노 사이트가 주최했다기에는 이상한 캠페인도 한다. 소비자가 오래오래 건강하게 살아야 야동도 많이 보기 때문인지 운동 프로그램을 만들기도 한다. 진짜 별걸 다하는데?

책을 쓰며 자료를 조사하던 중에 한 가지 웃긴 물건을 발견해냈다. 바로 남자들의 '해피 타임'을 통해 전기를 생산하는 웽크밴드다. 당신이 즐거운 시간을 보내며 팔을 위아래로 움직일 때 이 밴드를 차고 USB에 연결하면 팔의 움직임을 전기로 바꿀 수 있다. 해피 타임에서 무언가를 생산해낸다는 황당한 생각으로 만들어진 제품이다. 아쉽게도 판매되지는 않고 베타테스트 중이다. 이 제품은 아무 쓸모도 없는 무익한 당신의 행동을 유의미한 행동으로 바꿔주는 아주 고마운 기계다. 해피 타임에 '즐거움'뿐만 아니라 '전기'를 얻을 수 있다.

041 | 정액이 하얀색인 이유는?

남성이라면 정액은 매우 익숙한 물체다. 사람에 따라 하루에 두세 번, 일주일에 한 번 접한다는 차이는 있겠지만, 어쨌든 정액이 남자에게 꽤 익숙하다는 건 부정할 수 없는 사실이다. 아니라고? 혹시 수도승이신가? 거짓말하지 마라.

휴지에 쌓인 당신의 정자에게는 미안한 이야기이지만, 사실 정자가 정액에서 차지하는 비중은 그렇게 크지 않다. 고작 해봐야 1% 정도다. 나머지 99%는 정낭액과 전립선액이 차지하고 있다. 사정 직전에 이 3가지가 한 번에 뒤섞여 쏟아져 나온 게 정액이다. 또 정액이 배출되기 전 나오는 쿠퍼액과 정액은 완전히 성분이 다른 물체이며 쿠퍼액에는 정자가 포함되어 있지 않아 쿠퍼액으로 임신하는 경우는 거의 없다고 한다.

정액은 일반적으로 젤리 같은 느낌이 드는 회백색이다. 정액의 색을 결정짓는 물질은 미네랄, 단백질, 호르몬, 효소 등이 있는데 모두 합쳐져 회백색을 띠는 것이다. 물론 뭘 먹느냐, 어떤 생활 습관을 가지고 있느냐에 따라 조금 달라지긴 하지만 대부분 회백색이다. 이쯤 되면 내 정액 색깔에 뭔가 문제가 있는 것 아닌가 하는 사람도 있을 텐데 걱정하지 마라. 노란색도 대부분 정상 범위에 속한다.

그런데 정액 색깔이 붉은색, 초록색, 갈색인 사람도 있다. 이 경우는

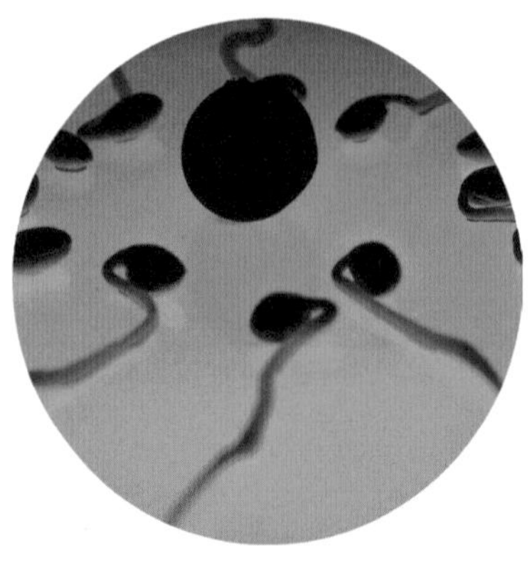

난자 하나를 두고 경쟁하는 수억 마리의 정자. 수억 대 1의 경쟁률을 뚫고 인간으로 진화한 것을 축하한다.

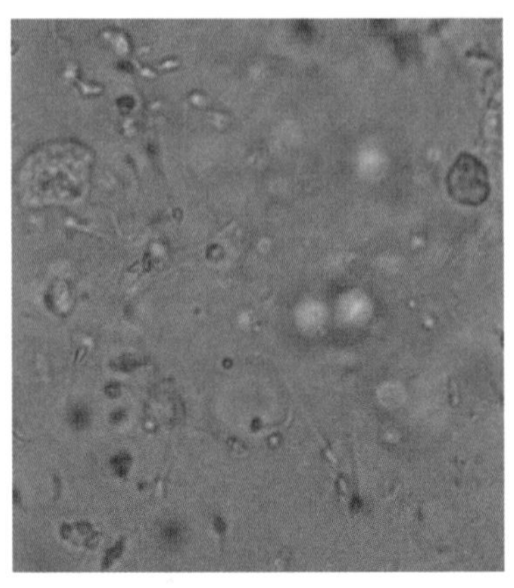

맨날 휴지에 있는 것만 봐서 잘 모르겠지만, 현미경으로 확대해보면 정자는 이렇게 생겼다.

건강에 빨간불이 켜졌다는 신호다. 초록색을 띠는 경우는 전립선이 감염된 것이며, 붉은색이나 갈색을 띠는 경우는 어떤 요인에 의해 정액에 피가 섞여 나오는 것이다. 검은색을 띠는 경우는 체내에 있는 중금속이 빠져나와서거나 척수 손상일 수 있다. 만약 정액 색깔이 붉은색, 초록색, 갈색, 검은색이라면 지금 당장 병원에 가서 치료를 받는 것이 좋다.

재미있는 사실 하나 더 알려줄까? 정액에는 비타민 C, 마그네슘, 칼슘, 아연, 인, 단백질 등이 들어 있다. 성인 남성의 1회 정액 배출량에는 달걀에 들어 있는 만큼의 단백질이 들어 있다고 한다. 심지어 이렇게 영양소가 풍부한데 20칼로리밖에 되지 않아 완전한 다이어트 식품이라고 봐도 무방할 정도다. 그런데도 정액을 먹는 것이 꺼려지는 건 왜일까?

042 인류 최초의 딜도는 언제 어떤 용도로 탄생했을까?

여성의 해피 타임을 위한 딜도는 남성의 그것을 닮은 모습이지만 크기도 훨씬 더 크고 진동 기능까지 있어 많은 사랑을 받는다. 이게 뭔지 잘 모르겠다고? 그러면 아직 어른이 안 된 거니까 이 페이지는 조용히 넘기고 다른 내용을 읽어봐라.

딜도라는 단어는 1400년경부터 사용되었는데, 라틴어 'dilatare', 번역하면 '확장'이라는 의미를 가진 단어에서 유래했다. 뭘 확장하는지는 당신의 상상력에 맡기겠다. 원래는 여성의 신경증을 의미하는 '히스테리아'를 치료하기 위해 만들어졌던 이 도구는 이제 확장을 통해 여성의 즐거움을 책임지는 필수품이 되었다.

딜도는 생각보다 역사가 오래되었다. 물론 과거에는 '딜도'라는 이름으로 불리진 않았지만 그 역사를 거슬러 올라가 보면 2만 8,000년 전까지 갈 수 있다. 지금의 독일 지역에서 발견된 딜도는 '가장 오래된 섹스 토이'라는 명예로운 훈장을 얻었다고 한다. 그 이전에도 사용되었을 가능성은 충분히 있지만, 어쨌든 현재 발견된 것 중 가장 오래된 것으로 알려져 있다.

오늘날에는 딜도가 고무 소재로 제작되지만 과거에는 그렇지 않았다(딜도가 고무 소재로 만들어지기 시작한 것은 19세기 후반이다). 과거에는 돌(!), 나무, 가죽, 낙타 똥(?!), 바나나 등 다양한 소재로 만들어졌다. 이

청동으로 만든….
자세한 설명은 생략한다.

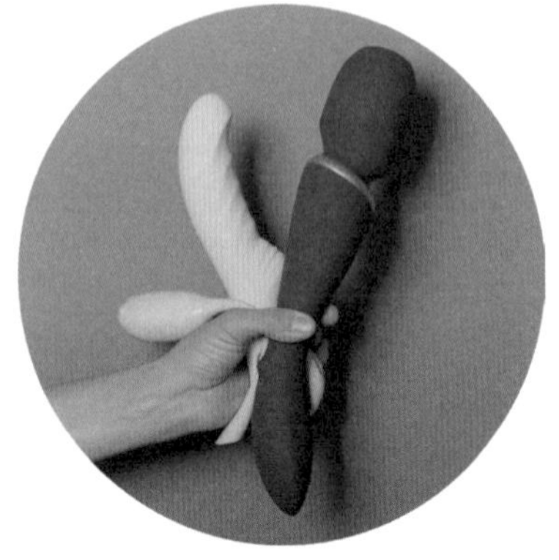

요즘에는 인체에 해가 없는 소재로
만들어진다.

도구는 성적인 즐거움뿐만 아니라 악을 쫓고 행운을 가져다주는 '상징'으로도 사용되기도 했다. 옛날 사람들은 성적인 즐거움이 가져다주는 느낌이 모든 것을 쫓아내는 부적과 같다고 생각했던 것 같다. 그래서 나폴레옹이 이집트에서 오벨리스크를 가져다가 파리 한복판에 세워 놓았던 걸까?

043 여자친구가 눈물을 무기로 사용하는 과학적인 이유

'여자의 눈물은 무기'라는 말이 있다. 여자친구랑 대화하다가 갑자기 여친이 눈물을 흘릴 때 '미쳐버릴 것 같다.'라는 생각을 해본 남자가 많을 것이다. 그 순간만큼은 탱크, 총, 핵폭탄, 생화학 무기보다 여친의 눈에서 나오는 그것이 훨씬 더 무섭다.

도대체 여자의 눈물은 어쩌다 무기가 된 걸까? 사실 여기에는 과학적인 이유가 있다. 여자의 눈물에는 일종의 페로몬 성분이 들어 있는데, 눈물을 많이 흘리게 되면 당연히 페로몬의 방출량도 늘어나게 된다. 남자는 이때 페로몬 때문에 마음이 약해지는 소위 '유화 감정'을 품게 되는 것이다.

참고로 여자가 울고 나서 내는 코맹맹이 소리도 남자들의 마음을 약하게 한다. 울게 되면 눈물 일부가 콧속으로 들어가게 되는데 이 때문에 목소리가 변하게 된다. 이 소리가 뇌에 있는 본능적인 감정을 자극하여 지적 사고와 냉철한 이성을 무너뜨리게 되는 것이다. 슈퍼맨도 여친의 눈물과 코맹맹이 소리에는 힘을 못 쓰니, 또 다른 '크립토나이트'라고 불러도 될 듯하다.

여자의 눈물은 남자의 성욕에 부정적인 영향을 주기도 한다. 이스라엘 와이즈만 연구소가 2011년부터 6년간 진행한 연구 결과에 따르면 여성의 눈물에는 남성의 성욕을 줄이는 화학 신호가 포함되어 있다

대포동 미사일보다 더 무서운 게 여친의 눈물이다. 대포동 미사일이 집에 떨어질 확률보다 여친이 울어서 고통받을 확률이 더 높다.

그만 좀 울어라. 내가 잘못했다.

고 한다. 눈물에 담긴 화학 신호는 남성의 성욕과 관련된 두뇌 활동 및 테스토스테론 수치를 감소시키는데, 바꿔서 말하면 여러분이 흥분하는 것을 다시 원상태로 복귀시킬 강력한 도구가 바로 눈물이라는 이야기다.

그래서 여자친구가 우는 이유가 뭐냐고? 안타깝게도 여자의 눈물이 무기가 되는 과학적인 이유는 밝혀졌지만 여자들이 왜 우는지에 대한 이유는 찾아내지 못했다고 한다. 하늘로 로켓을 쏘아올리고 비행기가 날아다니는 최첨단 시대에도 남자는 '여친이 왜 그 상황에서 우는지' 이유를 찾아내지 못했다. 여친에게 물어도 '모른다'라고 답하니 누구에게 물어봐야 할까?

044 미국의 스트리퍼 중에는 '이것'으로 절세한 사람이 있다?

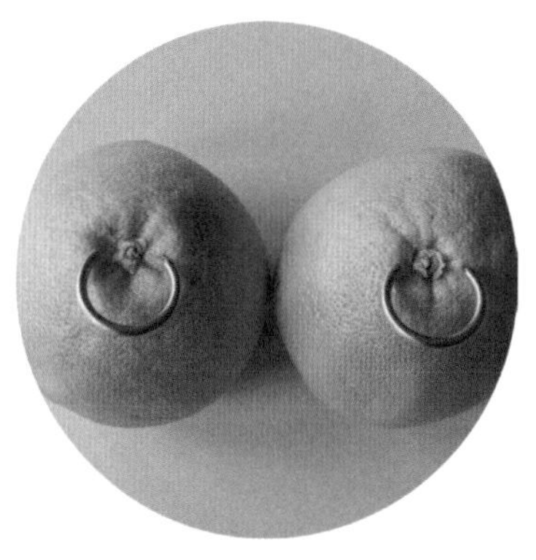

가슴 아니다. 링을 꽂은 과일이다. 가슴같이 보인다면 당신 마음속에 '음란마귀'가 가득한 것이다.

우리나라에서는 찾아볼 수 없지만 외국에서는 쉽게 볼 수 있는 것은 뭘까? 바로 스트리퍼다. 음악에 맞춰 옷을 하나씩 벗어가며 춤을 추는 스트리퍼는 해외에서는 꽤 보편화된 직업이다.

직업 만족도가 높은 편이라 남녀할 것 없이 많은 사람이 부업으로 이 일을 한다. 아무래도 사람들의 마음을 사로잡아야 하는 기술직(?)이다 보니 급여도 센 편이라고 한다.

그런데 미국에서는 여성 스트리퍼가 '이것'을 해서 절세를 한 경우가 있단다. 바로 가슴 수술(!)이다. 뭐, 엄밀히 따져보면 이것도 하나의 사업이다. 우리가 생각하기에는 그리 떳떳해 보이지 않는 사업이지만 그래도 나름 돈을 벌어들이는 사업이다. 미국에서는 사업상 필수적으로 써야 하는 비용에 대해서는 세금 공제를 해준다. '체스티 러브'라는 스트리퍼가 한 가슴 수술이 사업 목적의 성형 수술로 인정되어 미국 국세청에서 세금을 감면해주었다고 한다.

그녀는 가슴이 커질수록 팁을 더 많이 받을 수 있으니 가슴이 무대에서 필요한 일종의 도구라고 주장해 절세를 할 수 있었다. 단, 사업 목적을 위해 가슴 수술을 한다는 것을 증명해야 하며 단순 미용 목적으로는 세금 감면을 받지 못한다고 하니까 절세를 핑계로 헛짓할 생각은 하지 말자.

045 포경 수술, 해야 하나? 말아야 하나?

그것 아니다. 바나나다. 또 무슨 생각을….

한국 남자라면 어렸을 때 '고래' 한 번씩 잡아봤지? 엄마가 돈가스 사준다고 해서 끌려갔다가 울면서 종이컵 달고 나온 남성분이 많을 거다. 예전에는 위생 때문에 꼭 해야 하는 수술로 알려져 있었지만, 요즘에는 그렇지 않다. 해도 된다, 안 해도 된다며 갑론을박이 벌어지는 이유는 과거보다 위생 상태가 많이 개선되었기 때문이다.

그렇다면 고래 잡기는 꼭 해야 하는 걸까? 결론부터 말하면 '아니오'다. 많은 전문가가 포경 수술이 필수가 아닌 선택이라고 주장한다. 귀두와 포피 사이에 세균이 번식하지 않도록 청결하게만 유지한다면 굳이 할 필요가 없다.

게다가 귀두의 포피는 매우 중요한 성감 조직이라서 잘라내면 성기 발육과 성감이 저해되기도 한다. 한마디로 더 잘 느끼고 싶다면 하지 말고 잘 닦으란 이야기가 되겠지? 물론 수술을 받지 않으면 모양은 그렇게 예쁘지는 않다. 생각했던 것과 다른 모습에 기겁하는 여자도 많

왜 포경 수술을 '고래 잡기'라고 부를까?
한자로 포경, 즉 껍질에 쌓여 있는 성기가 고래잡이를 뜻하는 포경과 같은 음이기 때문이다.

으니까. 하지만 생김새가 특이해도 제 기능은 충실히 해낸다.

그렇다고 해서 무조건 포경 수술을 하지 말라는 건 아니다. 세계보건기구의 연구에 따르면 고래를 잡는 것이 위생에도 좋고 성병 예방에도 도움이 된다고 한다. '귀두포피염(귀두의 포피에 염증이 생기는 질병으로, 포피륜이 귀두를 죄어서 순환장애를 발생시키고 통증을 유발하기도 한다)'이나, '감돈포경(포피가 귀두 뒤쪽으로 밀려나 정상 위치로 되돌아오지 못하는 상태)'인 경우에는 치료 목적으로 수술을 받기도 한다. 마치 눈이 감겨서 쌍꺼풀 수술을 받는 것처럼 말이다.

그러니까 고래 안 잡았다고 주눅들 필요 없다. 가장 중요한 것은 수술이 아니라 상대방과 얼마나 교감하고 행복하게 사랑을 나누느냐다. 수술을 받지 않는다면 서로 더 큰 쾌감을 공유할 수도 있으니까. 여자친구에게 자신의 '미니미'를 보여주는 것이 두렵다면 이 글을 읽고 설명해주면 된다. 진지하게 설명하는 당신의 모습에 여자친구도 반하게 되지 않을까?

046 세계의 이상한 성 관습 8가지

세상은 넓고 우리가 모르는 것은 많다. 우리가 생각하는 것보다 세상에는 이상한 사람이 넘쳐난다. 물론 침대 위에서도 마찬가지다. 정상의 기준을 벗어난 성 관습은 끝도 없이 존재해왔다. 이걸 당시의 시대 상황에 맞춰서 판단해야 할지, 현재의 기준으로 판단해야 할지는 당신의 자유다. 확실한 건 보통 사람의 기준으로는 상당히 이상해 보인다는 거다.

뉴기니섬의 삼비안 부족

삼비안 부족은 7~10세의 소년과 소녀를 완전히 분리하는 전통이 있다. 별로 안 이상해 보인다고? 그 기간에 아이들은 부족 중에서 가장 힘센 전사의 정액을 먹어야 한다. 으웩.

파푸아 뉴기니의 트라브리안드 부족

트라브리안드 부족의 아이들은 몇 살부터 성관계를 할까? 남자아이들은 10~12세, 여자아이들은 6세다. 사회적으로 이런 게 허용된다니 알다가도 모를 노릇이다.

삼비안 부족 아이. 자신의 운명을 모른 채 미소 짓고 있는 모습이다.

소크라테스도 '연하 남친'이 있었다.

쿡 제도의 망가이아섬

이 지역에서는 13세 정도의 소년이 나이 많은 여성과 관계를 맺는다. 소년들이 어떻게 해야 여자들을 만족시켜줄 수 있을지 가르쳐주는 풍습이라나? 연상녀한테 조기 교육을 받는 셈이다.

고대 그리스

고대 그리스에는 나이 많은 남자가 어리고 잘생긴 미소년을 애인으로 두는 게 허용되었다. 그리스 신화에서 제우스가 가니메데를 첩(?)으로 두는 걸 보면 이해가 빠를 것이다. 소크라테스나 플라톤 같은 유명한 철학자들도 다 애인이 있었단다.

네팔

네팔에서는 부인을 형제들과 공유한다. 네팔뿐만 아니라 형제끼리 부인을 공유하는 나라는 더 있다. 네팔에서 그런 일이 허용되는 이유는 농작물이 나오는 땅이 한정되어 있어서 너무 많은 자식을 낳지 않기 위해서라고 한다.

아프리카 니제르의 와다베 부족

와다베 부족은 매년 축제를 여는데, 다른 남자의 아내를 '보쌈'할 수 있는 축제다. 물론 남자들은 분장을 통해 자신의 존재를 숨기고 타깃에 접근한다.

고대 이집트

고대 이집트 사람들은 자위와 정액 배출을 좋아했다. 심지어 나일강의 범람도 자신들이 모시는 신들의 정액으로 인한 것이라고 믿었다. 일렬로 서서 나일강에 대고 '해피 타임'을 갖는 게 풍요를 기원하는 하나의 의식이었다. 혼자만의 시간이 아니라 모두의 해피 타임인가?

아일랜드 근처의 이니스 베그섬

이 지역 사람들은 속옷을 입고 사랑을 나눈다. 매우 불편하겠는데?

047 알아두면 실전에 유용한 성병 지식

태어날 아기에게 미안한 짓 하고 싶지 않으면 남녀 구분 없이 성병을 조심해야 한다.

성병은 남자보다 여자가 더 잘 걸린다. 남녀 차별이냐고? 천만에. 남성보다 여성한테 성병이 2배 이상 더 발병하는 이유는 여성이 면역학적으로 성병에 더 취약하고 해부학적 구조상으로도 더 감염되기 쉽기 때문이다. 자궁경부암 같은 병은 남성에게는 아무 피해를 입히지 않지만 여성에게는 큰 피해를 준다. 남녀 상관없이 성병에 대해 신경 써야 하는 이유다.

성병은 뱃속의 태아도 걸릴 수 있다. 임질이나 클라미디아, 음부포진 같은 성병에 걸린 엄마가 임신과 출산을 통해 아기에게 성병을 전달하는 사례도 있다.

현재까지 발견된 성병의 종류는 25개 이상이다. 클라미디아, 에이즈, 임질, 사면발이, 매독 등이 성병에 포함되며 다양한 경로를 통해 감염된다. 심지어 구강성교를 통해서도 성병에 감염될 수 있다.

성병은 치료는 가능하지만 모든 성병이 완치 가능한 것은 아니다.

어떤 건 완전히 치료할 수 있고 어떤 건 완치가 불가능하다. 매독이나 임질은 완치가 가능한 대표적인 성병이다. 반면 에이즈나 HPV 등은 완치가 불가능하다.

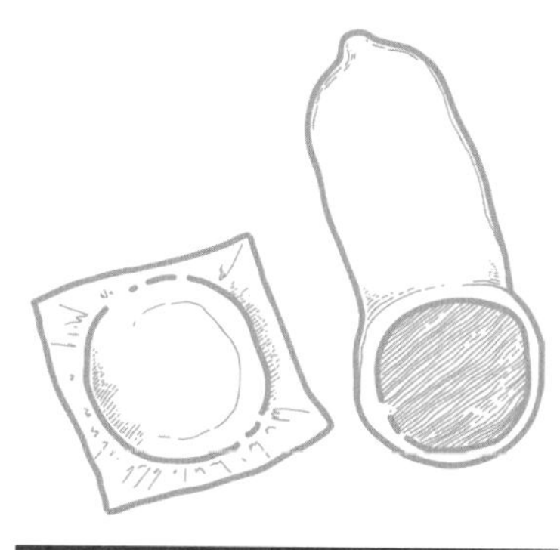

모든 것을 막아주지는 못하지만 그래도 콘돔은 어느 정도의 성병은 막아준다.

몇몇 성병은 자각 증상이 없다. 그래서 성병에 걸려도 모르고 지나가는 경우가 허다하다. 에이즈는 10년 혹은 그 이상이 걸려 증상이 나타나기도 한다. 정기적인 검진을 통해 제때 치료받지 않는다면 되돌릴 수 없는 결과를 낳을 수 있으니 정기적으로 검진을 받으며 신경 쓰자.

그렇다면 성병을 예방할 수 있는 방법은 무엇일까? 아예 안 하는 게 가장 좋은 예방법이겠지만 그것이 불가능하다면 두 번째로 좋은 예방법은 콘돔이다. 다만 곤지름, 사면발이, 옴 등은 콘돔으로도 막지 못할 수 있다. 그럼에도 가장 쉽고 편리한 성병 예방법은 콘돔이라는 걸 기억해두자.

048 이 젖꼭지에는 슬픈 전설이 있어!

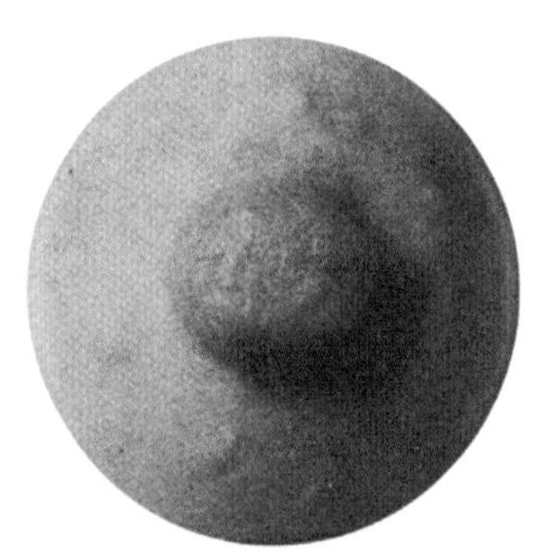

우리는 젖꼭지가 두 개 있다. 모유 수유에는 하나만 필요한데 왜 두 개가 있을까?

세계 최대의 검색 엔진 구글은 방대한 정보를 어디서나 쉽게 찾아볼 수 있게 하는 좋은 친구다. 그런데 이 구글이 많이 받는 황당한 질문 중에 '남자에게 왜 젖꼭지가 있을까?'라는 질문도 있다는 것, 아는가? 여성의 젖꼭지는 모유 수유를 위해 필요한 기관이지만 젖을 먹이지 않는 남성도 젖꼭지가 있다는 것은 조금 이상하다. 생존에 전혀 필요하지 않은 이 부위는 꼬집히거나 실수로 잘리기라도 하면 통증만 줄 뿐이다.

사실 남성에게 젖꼭지가 있어야 하는 아주 간단한 이유가 있다. 아이가 생겼을 때 남녀의 특징이 구분되지 않기 때문이다. 처음(배아 상태)에는 남자아이나 여자아이 둘 다 여성의 특징을 보이다가 시간이 지나면서 성에 맞게 변화해간다. 이를 '성 분화'라고 하는데 사실 젖꼭지는 성 분화 이전에 생겨난다.

임신 6주가 되면 태아의 눈, 팔, 다리, 얼굴의 윤곽이 형성되고 이 과정에서 성 분화가 일어난다. 만약 태아가 Y염색체를 보유하고 있다

**남자들도 (이론적으로는) 모유 수유가 가능하다.
젖 먹이는 아빠가 되어보고 싶다면 한번 도전해보라.**

면 테스토스테론이 분비되어 고환을 만들고, 남성으로서의 분화가 일어나는 것이다. 그런데 가슴과 젖꼭지는 그 이전에 이미 형성된다. 한마디로 젖꼭지는 남자가 한때 '여자였다는 증거'라고 할까? 딱히 젖꼭지가 있을 이유는 없지만, 구태여 발생 과정에서 없어질 필요도 없기 때문이라고 이해하면 되지 않을까?

그렇다면 인간 남성의 젖꼭지로도 모유를 수유할 수 있을까? 결론만 이야기하면 'Yes'다. 소나 염소 같은 동물의 수컷은 특정 호르몬을 주입하면 젖을 낼 수 있다고 한다(물론 암컷보다는 양이 적지만 수유는 가능하므로 젖꼭지의 기능은 있는 셈이다). 인간도 남성에게 특정 호르몬을 주입해 젖이 분비되었던 사례가 보고된다. 만약 자신의 젖꼭지가 쓸모 있길 바란다면, 혹은 '젖을 먹이는 아빠'로 유튜브 스타가 되고 싶다면 이 방법도 나쁘진 않을 듯하다.

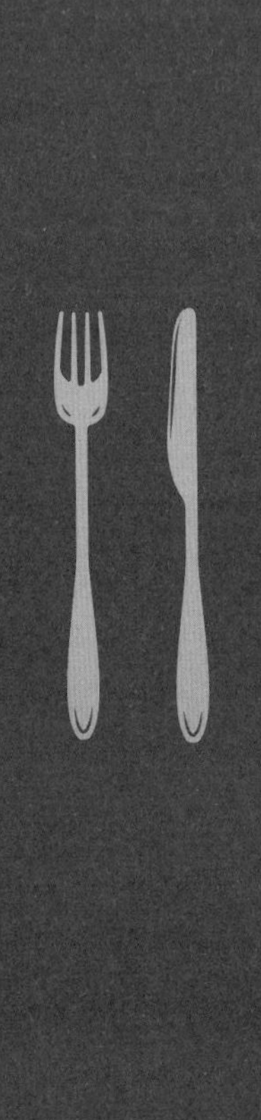

CHAPTER 5

음식 앞에 두고 풀기 좋은 화제!

술·음식

049 '모히토 가서 몰디브 한잔할 때' 알아둬야 할 상식

영국 해적 프랜시스 드레이크는 보물만 찾으러 다녔던 게 아니라 모히토도 만들었다. 이걸 영국 술이라고 해야 할지 쿠바 술이라고 해야 할지….

쿠바에서 만들어진 모히토는 럼과 민트, 라임 등이 들어가는 하이볼 칵테일의 한 종류다. 모히토의 탄생설 중 가장 유력한 것은 영국 해적 프랜시스 드레이크와 관련된 이야기다. 당시 쿠바 하바나에는 이질과 괴혈병이 퍼지고 있었다. 프랜시스의 선원들이 이 병에 걸렸는데, 이를 치료하기 위해 남미의 독한 술인 아구아디엔테와 하바나의 라임, 민트 등을 섞은 치료제를 만든 것이 모히토의 시작이라는 설이다. 19세기 쿠바 사탕수수 농장에서 일하던 흑인 노예들이 만든 술이라는 이야기도 있다.

레시피가 간단하고 청량한 맛 때문에 모히토 칵테일은 세계 각국에서 사랑받는다. 구글에 따르면 세계 어느 나라보다 '모히토'라는 단어를 많이 검색하는 국가는 폴란드이며, 2019년 닐슨의 조사에 따르면 미국 마이애미에서 두 번째로 인기 있는 칵테일이라고 한다. 미국 소

맛있는 모히토는 여름에 마시기 좋은 술이다.
남자가 이 술 먹는다고 아무도 이상하게 보지
않으니 마음껏 먹어도 된다.
참고로 남자들이 주문하면 좋은 칵테일은
잭콕, 진토닉 정도다.
코스모폴리탄 같은 걸 주문하면
고정관념을 깰 수 있으니 한번 해보든가.

설가 어니스트 헤밍웨이는 모히토를 매우 좋아했다고 한다. 우리나라에서는 영화「내부자들」에 나오는 대사 "나는 쩌어기 모히또 가가지고 몰디브나 한 잔 할라니께."로 유명해졌다.

최근에는 아구아디엔테 대신 럼주로 모히토를 만든다. 그중 '바카디'라는 럼주가 가장 많이 쓰인다. 바에서 한 번쯤 보았을 박쥐가 그려진 술이다. 럼주 말고 맥주로 만든 '비어 모히토', 알코올을 싫어하는 사람들을 위해 럼주를 뺀 '무알코올 모히토'도 있다. 한편 모히토는 '젓지 말고 흔들어서' 만드는 게 아니라 '흔들지 말고 저어서' 만들어야 한다. '젓지 말고 흔들어서' 술을 마시는 제임스 본드는 싫어하겠는데?

050 마리아주, 어떤 술과 음식이 잘 어울릴까?

와인과 음식의 색을 맞춰서 먹으면 좋다.
이 술은 밝은 색이니 밝은 색 음식을 매치하자.

"4살 차이는 궁합도 안 본다."라는 말이 있다. 하지만 음식과 술에 있어서는 궁합을 봐야 한다. 무슨 소리냐고? 혹시 마리아주란 단어를 들어본 적이 있는가? 프랑스어로 '결혼, 결합'이란 뜻을 가진 이 단어는 최근에는 와인과 요리의 궁합을 일컫는 단어로 더 많이 사용된다. 보통은 더 맛있는 식사를 위한 와인과 특정 음식의 보완을 의미한다.

과거 서양 사람들은 와인을 물처럼 마셨다. 그래서 사실 와인과 음식의 궁합을 재고 따질 필요가 없었다. 당시에는 물에 석회질이 많아서 그냥 마시면 복통과 설사가 일어났기 때문에 그냥 와인을 구해서 마시는 게 속편했다.

하지만 시간이 지나면서 사람들은 점차 와인을 저녁 식사에 곁들이는 술로 인식하기 시작했다. 이때부터 '레드 와인에는 육류', '화이트 와인에는 해산물'과 같은 규칙이 생겨난 것이다(화이트 와인의 산도가 해산물의 비린내를 없애주고, 레드 와인의 탄닌 성분이 고기의 단백질을 부드럽게 해준다). 최근에는 음식 종류도 많아지고 와인도 다양해져서 마리아주가 더욱 세분화되었다.

와인은 이제 누구나 쉽게 즐길 수 있는 술이 되었다. 저렴한 가격에도 다양한 와인을 살 수 있다. 참고로 칠레 와인을 선택하면 가격과 맛 둘 다 잡을 수 있다. 칠레의 기후와 토양이 좋아 포도 재배가 잘되기 때문이다.

그렇다면 어떻게 먹어야 잘 먹었다고 소문이 날까? 많은 전문가가 "마리아주에 정답은 없다."라고 입을 모아 말한다. 자기가 좋아하는 대로 먹으면 장땡이라는 것이다. 그래도 규칙을 알고 그걸 적용해서 먹는다면 술과 음식을 더 맛있게 즐길 수 있으리라. 마리아주의 기본 법칙은 다음과 같다.

'같은 성향'끼리 맞추는 것이 좋다. 케이크나 브라우니 같은 디저트에는 달콤한 와인이 어울리며 단맛이 없는 요리에는 드라이한 와인이 좋다.

'같은 색'으로 와인과 음식을 페어링하는 것이 좋다. 요리사도 흰 살 생선요리에는 붉은 계열 소스를 쓰지 않고 붉은 고기에는 흰 소스를 사용하지 않는다. 한마디로 와인이랑 음식도 '깔맞춤'이 필요하다.

재료도 재료지만 그보다 중시되는 게 소스다. 담백한 소스에는 화이트 와인이 어울리고 기름진 소스에는 레드 와인이 잘 어울린다. 보통 생선요리에 사용되는 소스는 가볍고, 고기요리에 사용되는 소스는 무겁다는 것까지 알아두면 더 좋겠지?

051 햄버거 프랜차이즈 중 가장 먼저 등장한 곳은?

시간이 없어서 빨리 먹고 일해야 하는데 뭘 먹을지 모르겠다고? 한 입에 해치울 수 있는 햄버거는 어떤가? 햄버거는 빠르게 먹을 수 있어서 바쁜 직장인과 학생에게 사랑받는 음식이다. 요즘에는 온갖 프랜차이즈뿐만 아니라 수제버거집도 많아 손쉽게 햄버거를 접할 수 있다.

그런데 햄버거가 어떻게 만들어졌는지 알고 있는가? 사실 햄버거의 유래에 대해 정확히 아는 사람은 없다. 그중 사람들의 입에 가장 많이 오르내리는 설 중 하나는 천하를 호령했던 몽골의 칭기즈 칸이 먹던 다진 고기가 햄버거의 유래라는 것이다. 칭기즈 칸이 러시아를 정복하면

사실 햄버거는 따지고 보면 완전식품이다.
음식 하나에 모든 영양소가 다 들어 있다. 단, 재료가 모두 신선했을 때 얘기다.

서 다진 고기를 먹는 몽골의 문화가 전해졌고 이를 독일 상인들이 유럽에 전파했다는 것이다.

그렇다면 과연 햄버거라는 이름은 어떻게 생겨났을까? 햄버거는 독일 함부르크 지역에서 이름을 따온 것으로 알려져 있다. 독일 상인들에 의해 유럽에 전파된 방식에 따라 함부르크 사람들이 스테이크를 만들어 먹게 되었고, 이들이 19세기에 미국으로 이민을 가면서 그 방식을 전파하게 된 것이다.

살짝 허접하게 생긴 이 햄버거가 바로 미국 최초 햄버거 체인 화이트 캐슬의 제품이다. 우리나라에는 아직 들어오지 않았으니 미국 가면 먹어보길.

요즘에야 맥도날드, 버거킹 등 다양한 햄버거 프랜차이즈가 있지만 과거에는 햄버거 가게가 그렇게 많지 않았다. 우리나라에 맥도날드가 처음 들어온 게 1990년대다. 그 이전에는 햄버거를 먹을 기회가 거의 없었다.

유명한 미국 병맛 영화 중 「해롤드와 쿠마」라는 게 있다. 극 중에서 두 주인공은 '화이트 캐슬'이라는 햄버거 가게에 가기 위해 온갖 고생을 다 한다. 사실 이 화이트 캐슬은 미국에서 꽤 유명하다고 한다. 한국인에게는 생소한 화이트 캐슬은 세계 최초의 햄버거 프랜차이즈다. 1921년에 문을 열었고 현재까지도 열심히 햄버거를 팔고 있다. 맥도날드가 최초가 아니라는 것, 이제 알겠는가?

052 라면이 원래 고급 음식이었다고?

닛신사의 컵 누들 라면.
이게 바로 세계 최초의 컵라면이다.

기름에 미리 튀긴 국수를 스프와 함께 끓는 물에 넣어서 요리하는 즉석 라면을 한 번도 안 먹어본 사람 있나? 일본에서 처음 탄생한 이 간편식은 밥 먹기 귀찮을 때 한 끼 식사로 딱 좋다.

세계 인스턴트 라면 협회의 2018년 연구결과에 따르면, 우리나라의 연간 라면 소비량은 35억 9,000만 개로 세계 7위이며 1인당 라면 소비량은 세계 1위라고 한다. 한국인은 1년에 1인당 대략 76개의 라면을 먹는데, 이는 세계 평균인 14.3개를 훌쩍 뛰어 넘는 수치다.

우리나라에서 현재 판매되는 인스턴트 라면의 뿌리를 거슬러 올라가보면 일본이 나온다. 일본 얘기 듣기 싫다고? 그래도 이건 얘기해야겠다. 라면은 대만계 일본인 안도 모모후쿠가 제2차 세계대전 이후에 개발했다. 이 환상적인 음식이 등장할 수 있었던 것은 미군 덕분이었다. 제2차 세계대전이 끝난 후, 황폐화된 일본에는 먹을 게 없어서 사람들이 많이 굶주렸다. 이 시기에 미군이 주둔하기 시작했는데, 그들이 가져온 구호품 중에는 밀가루가 특히 많았다. 안도 모모후쿠는 이 밀가루로 먹을 수 있는 음식이 뭘까 고민하다가 일본의 라멘을 간편하게 먹을 수 있으면 좋겠다는 생각으로 이어졌고, 그렇게 해서 탄생한 것이 라면이다. 그는 '닛신식품'이라는 회사를 설립하고 최초의 인스턴트 라면과 컵라면을 만들었다. 다른 건 일본을 이길 수 있어도 이건 못 이기지 않을까.

라멘과 라면을 헷갈리면 안 된다.
엄연히 다른 음식이다.

지금은 라면이 저렴한 음식의 대표 주자이지만 원래는 비싼 음식이었다는 사실을 알고 있는가? 간편하게 먹을 수 있는 면요리이지만 과거에는 나름 비싼 대접을 받았다. 1958년에 처음 등장한 닛신식품의 치킨라면은 생우동면 가격의 6배였다. 지금은 몸값이 많이 떨어진 셈이다.

053 ‘서양식 빈대떡’ 피자는 어디서 시작되었을까?

서양식 빈대떡인 피자가 이탈리아에서 탄생했다고 알고 있는 사람? 이는 반은 맞고 반은 틀리다. 인류 역사 최초의 피자에 대한 기록은 고대 그리스로 거슬러 올라간다. 고대 그리스에는 빵에 올리브 오일과 치즈 등을 얹어서 화덕에 구워 먹었다는 기록이 있다. 그러니까 피자가 이탈리아에서 처음 시작되었다는 것은 거짓!

다만, 우리가 지금 먹는 현대적인 형태의 피자는 여러분이 아는 것처럼 이탈리아에서 생겨났다. 피자는 오랫동안 나폴리 지역을 중심으로 서민 음식으로 각광받았고 19세기 이탈리아의 통일과 함께 이탈리아 전역으로 퍼져 나갔다. 피자가 이탈리아 전역으로 퍼져 나가게 된 데는 재밌는 일화가 숨어 있다. 1889년 당시 이탈리아의 여왕이었던

피자는 페페로니 피자가 근본이다.

마르게리타 여왕이 나폴리에 방문했을 때 피자집 주방장 라파엘 에스포지토는 자신이 만든 피자를 여왕에게 대접하게 되었다. 여왕은 이 피자를 맛본 후 정말 맛있다며 극찬을 했다. 이후 그녀가 맛본 피자는 '마르게리타 피자'로 불리며 이탈리아 국민들에게 사랑받는 음식이 되었다. 우리가 먹는 그 피자가 여왕의 이름에서 나왔다니…. 우리나라로 치면 빈대떡 이름을 '선덕여왕 빈대떡'으로 붙인 거나 마찬가지다.

마르게리타 여왕.
그녀는 자기 이름이 이역만리 대한민국에서
널리 쓰이게 될 걸 알았을까?

이후 제2차 세계대전 때 유럽에서 피자를 맛본 미군들과 이탈리아에서 미국으로 간 이민자들 덕분에 미국에서 피자가 사랑받게 되었고 세계적인 음식이 되었다.

미국에서 피자는 저렴한 한 끼 식사로 인기가 높다. 얼마나 인기가 있냐면, 하루에 미국에서 소비되는 피자의 넓이만 해도 12만 평일 정도다. 참고로 미국에서는 조각피자를 많이 판매하는데, 한 조각에 1.5달러에서 3달러 정도면 살 수 있다. 우리나라에서 파는 피자와 다르게 매우 저렴한 편이다. 미국에 간다면 피자부터 먹어보는 걸로 하자.

054 소금이 옛날엔 금보다 비쌌다고?

옛날에는 소금이 아니라 레알 '금'이었다.

우리 삶에서 빼놓을 수 없는 소금은 중세 시대 유럽에서는 매우 비싸서 '하얀 금'이라는 별명으로 불렸다. 역사적으로도 소금은 항상 비싼 축에 속하는 음식이었다. 1800년대 초반 미국에서는 소금이 소고기 가격의 4배 수준이었다. 지금은 상상도 할 수 없는 가격이다.

왜 이렇게 비쌌냐고? 바닷물을 가두고 말려서 소금을 얻는 데 어마어마한 노동력이 필요했기 때문이다. 게다가 해안가에서 만들어지는 소금을 내륙까지 가져오려면 무지하게 힘든 길을 거쳐야 했다. 일반적으로 노동력이 많이 들어가면 가격이 비싸진다는 건 다들 알 것이다. 과거에는 비쌌지만 요즘에는 기술이 발달해 생산에 들어가는 비용이 많이 낮아졌다. 덕분에 우리 몸에 필수인 소금을 저렴한 가격에 섭취할 수 있게 되었다.

하지만 소금은 너무 적게 먹어도 너무 많이 먹어도 안 된다. 또 소금을 너무 적게 먹고 물을 많이 섭취하면 저나트륨혈증이라는 병이 올

수 있다. 2007년 미국에서 '물 많이 마시기 대회'에 참가했던 제니퍼 스트레인지라는 여성은 충분한 나트륨을 섭취하지 못해 결국 죽었다. 반대로 소금을 너무 많이 섭취하는 것도 치명적이다. 각종 합병증이나 당뇨병, 뇌졸중에 노출될 가능성이 커진다.

고대 로마 제국에서 소금을 거래하던 모습을 기록으로 남겼다. 상의 탈의밖에 눈에 안 들어오는데?

적정량을 섭취하는 것이 가장 좋다. 이론적으로는 짧은 시간 동안 몸무게 1kg당 소금 1g을 섭취하면 죽음에 이르게 된다고 한다. 과거 중국에서 사용되었던, 사람을 제물로 바치는 의식에 이 방식이 사용되었다고 한다. 당시에는 소금이 비쌌으니 당연히 상류층만 이런 걸 했겠지?

055 나라마다 금지된 음식이 있다?

종교적·문화적·인도적 문제로 그 나라에서는 먹지 못하는 음식이 있다. 다음을 보면 '이걸 금지한다고?'라는 생각이 드는 음식도 있으리라.

샥스핀

샥스핀은 상어의 지느러미로 요리한 중국의 대표적인 고급 음식이다. 우리나라에서는 중국집에서 쉽게 찾아볼 수 있지만 사실 캐나다나 미국 같은 나라에서는 상어 지느러미를 얻는 과정이 잔인하다고 해서 샥스핀을 금지하고 있다.

껌

우리나라에서는 껌을 구하기 쉽지만 도시가 더러워진다는 이유로 판매를 금지하는 나라도 있다. 바로 싱가포르다. 여기선 껌을 팔다가 걸리면 징역을 살 수도 있다.

벨루가 캐비어

캐비어는 철갑상어의 알을 소금에 절인 식품으로 세계 3대 진미 중 하나다. 캐비어 중 최고 등급인 '벨루가 캐비어'는 15년 이상 성장한 흰 철갑상어 알이 재료인데, 최고 등급답게 풍미가 좋아 수요가 끊이지 않

껌 씹는 건 좋지만 바닥에 뱉는 습관은 기르지 않도록 노력해보자. 싱가포르 가서 징역 살기 싫다면 말이다.

프랑스 아이들은 케첩으로 만든 음식을 아예 먹을 수 없는 건가? 불쌍한 친구들.

았다. 인간이 이 정도로 탐하면 개체 수가 빠르게 줄어드는 것은 당연지사다. 미국에서는 아예 벨루가 캐비어를 먹는 것이 금지되어 있다.

케첩

프렌치프라이 먹을 때 케첩이 빠지면 무슨 맛으로 먹을까? 그런데 프랑스에서는 맛이 강한 케첩을 자주 먹으면 섬세한 맛을 느낄 수 없다는 이유로 어린이가 케첩 먹는 걸 금지하고 있다. '프렌치'프라이의 나라에서 케첩을 못 먹게 한다니….

문어와 오징어

유대교에서는 먹을 수 있는 해산물을 '지느러미와 비늘이 있는 것'으로 규정해놓았다. 유대교를 믿는 사람이라면 장어, 오징어, 문어뿐만 아니라 새우, 굴도 비늘과 지느러미가 없어 먹을 수 없다. 평생 생선만 먹어야 하는 건가?

056 | 소주병이 초록색인 이유는?

한국에서 부동의 넘버원 자리를 지키고 있는 참이슬. 삼겹살에 소주 한잔이 생각나는 밤이다.

대표적인 서민의 술 소주. 닭똥집, 라면, 삼겹살 등등 어디에다 갖다 붙여도 최고의 궁합을 자랑하는 소주 한잔에 누군가는 울고 누군가는 웃는다. 기쁘나 슬프나 어디에나 빠지지 않고 등장하는 소주가 없다면 우리 인생은 얼마나 고달플까.

그런데 원래 소주가 매우 독했다는 사실을 알고 있는가? 1924년 진로가 처음 만들었던 증류식 소주의 도수는 35도였다. 보드카의 도수가 40도고, 위스키도 대부분 40도 정도니 정말 독주였다. 하지만 이후 여러 가지 이유로 점차 소주의 도수가 낮아졌고, 1990년대 들어 사회 분위기가 전반적으로 바뀌면서 도수가 낮은 소주를 원하는 사람이 많아졌다. 이에 주류회사들은 도수를 20도대로 낮춘 소주를 내놓았다.

2000년대에는 소주의 도수가 더 낮아졌는데, 사람들이 무작정 들이붓는 것보다는 술의 맛과 향을 음미하기 시작했기 때문이다. 이제는 17도 소주가 출시될 정도이니 얼마나 시대가 변했는지 실감하겠지?

그래서 어르신들이 "소주 맛이 안 난다."라고 하는 거였다.

도수뿐만 아니라 병의 색깔도 변했다. 옛날 영화나 드라마를 한번 유심히 보라. 당시의 소주병은 투명하거나 푸른빛을 띠고 모양도 지금과는 조금 달랐다. 현재는 녹색을 띠고 모양도 과거와는 많이 달라졌다.

소주랑 비슷한 병 색깔을 가진 하이네켄 맥주도 유리의 색을 가공하지 않은 상태의 초록색으로 병을 만든다. 가성비 갑이다.

그 이유에 대해서는 여러 가지 설이 있는데, 우선 소주는 햇빛에 두어도 맛이 변하지 않기 때문에 따로 유리의 색을 가공할 필요가 없어 기본 상태인 초록색으로 병을 만든다는 가설이 있다. 두 번째는 공병 재사용 문제 때문에 소주 회사들이 통일해서 같은 색, 같은 모양의 병을 만들기로 정했다는 가설이다. 세 번째는 초록색이 주는 청량한 이미지 때문이라는 가설이다. 초록색이 주는 친환경 이미지, 깨끗하고 덜 독한 이미지가 소비자의 인식을 바꿀 것으로 생각해서였다는 거다. 셋 다 그럴싸한데?

057 루왁 커피를 인간이 만들어도 될까?

루왁 커피를 만드는 사향고양이.
요즘에는 동물 학대라고 루왁 커피를
보이콧하기도 한다.

얼마 전 모 유튜버가 '루왁 커피'를 만들어서 화제가 된 적이 있다. 인간이 루왁 커피를 만든다는 설정의 드라마도 나왔다. 미국판 중고나라 크레이그리스트에는 인간이 만든 루왁 커피가 버젓이 팔리기도 한다.

루왁 커피가 뭐냐고? 사향고양이가 커피 씨앗을 먹고 배출한 배설물로 만든 커피를 말한다. 도대체 왜 이런 짓을 하냐면, 사향고양이의 위 속 효소가 커피 원두의 단백질을 분해해 커피의 향미를 더해주기 때문이다. 한마디로 '인간 루왁 커피'는…. 자세한 설명은 생략한다.

그럼 인간 루왁 커피, 문제는 없는 걸까? 우선 커피 원두를 먹고 탈이 나는 건 아닐까? 사실 볶지 않은 콩을 인간이 섭취했을 때 큰 문제가 발생하지는 않는다. 오히려 커피콩에 있는 클로로겐산이라는 물질이 항산화 작용까지 해준다. 단, 우리가 좋아하는 깊고 진한 맛은 아니며 훨씬 더 식감이 단단하고 씹기 어렵다는 단점이 있다.

그러니까 이 커피콩을 먹고 싸기만 하면 된다고?

인간의 위와 대장을 거쳐 소화되지 않은 그대로의 커피콩도 괜찮긴 하다. 단, 응가가 안 묻어 있을 정도로 깨끗이 씻어내야 한다. 응가에는 많은 양의 미생물과 세균이 서식하고 있어서(똥 1g당 1조 마리의 세균이 있다) 잘못 먹으면 병에 걸릴 수 있다.

또한 소화되고 남은 찌꺼기만 모인 것이라 영양학적으로는 별로 좋지 않다. 이것만 잘 씻어낸다면 먹을 수야 있긴 하겠지만, 어쨌거나 이렇게까지 해서 인간 루왁 커피를 마실 필요가 있을까?

058 맥도날드가 없는 나라도 있다?

이 책이 나오기까지 희생된 50여 개의 맥머핀에 깊은 애도를 표한다. 덕분에 배부른 상태에서 글 잘 썼다.

맥도날드에서 판매하는 '맥런치'를 한 번도 안 먹어본 사람 있나? 빅맥을 한입 베어 물고 프렌치프라이를 입에 넣었을 때의 그 만족감은 이루 말할 수 없을 정도다. 아무리 건강에 좋지 않다는 뉴스가 나오고 살이 찐다고 해도 그 맛을 부정할 수 없는 건 사실이다. 나도 한때는 먹기 간편하고 맛도 좋아서 점심으로 맥도날드 햄버거를 매일 먹었다. 원래 몸에 좋지 않은 건 대부분 맛이 좋으니까.

이제 맥도날드의 M 로고는 세계 어디에서나 맛있는 햄버거의 '품질 보증'과 같은 의미가 되었다. 요즘에야 '고급스러운' 수제버거도 많이 등장해서 선택의 폭이 넓어지긴 했지만 여전히 맥도날드는 많은 사람에게 한 끼 간단하게 때우기 좋은 곳이다.

2020년 기준 맥도날드는 전 세계 120개국에 3만 7,000여 개의 매장을 두고 사람들에게 어디에서나 같은 품질의 햄버거를 제공하기 위해 노력하고 있다. 남극 대륙을 제외한 모든 대륙에 맥도날드 매장이 있다. 북극에는 맥도날드가 없냐고? 엄밀히 따지면 북극은 대륙이 아니기 때문에 포함시킬 수 없다.

그런데 맛있는 '빅맥'을 맛볼 수 없는 나라도 있다. 그중 하나가 북한이다. 한때 북한에 맥도날드가 입점할 거라는 소문이 돌았지만 현재 김정은이 하는 걸 보면 맥도날드가 들어가는 것은 불가능에 가까워 보인다. 하긴, 미제 자본주의의 상징이 바로 맥도날드인데 평양에 들이면 굉장히 역설적이지 않겠는가? 인민들은 빅맥의 맛을 보지 못하겠구먼기래.

세계 어디에나 있는 맥도날드의 로고.
그런데 없는 곳도 있다.

이외에도 아이슬란드와 볼리비아 같은 나라에도 이런저런 이유로 맥도날드가 없다. 이란에는 1970년대에 입점했지만, 이슬람 혁명으로 외국 기업들이 이란 내에서 퇴출당하면서 같이 쫓겨났다. 아프리카에서는 맥도날드가 없는 나라보다 있는 나라를 찾는 게 더 빠르다(아프리카 54개국 중 모로코, 이집트, 남아공, 모리셔스에만 맥도날드 매장이 있다).

059 | 드라큘라는 왜 마늘을 싫어할까?

해외에서 마늘 냄새가 난다고 놀림받아 본 적 있나? 우리나라 사람이 마늘을 많이 먹기 때문에 비하의 의미로 마늘 냄새가 난다고 놀리는 외국인이 있는데 사실 마늘은 세계적으로 널리 쓰이는 식재료다.

적어도 러시아 사람과 영국 사람은 마늘 냄새난다고 놀리면 안 된다. 그들의 선조들이 마늘 때문에 목숨을 건졌기 때문이다. 제1차 세계대전 당시 영국 군의관들은 의약품이 떨어졌을 때 마늘을 이용해 수많은 병사의 목숨을 살렸다. 제2차 세계대전 당시 러시아 병사들은 마늘을 갖고 다니며 먹었다. 오죽하면 마늘에 '러시안 페니실린'이라는 별명이 붙었을까?

우리나라는 마늘을 너무 많이 먹는 편이긴 하다(한국은 전 세계에서 마늘 소비량이 1위다. 그것도 아슬아슬한 1위가 아니라 2위와 압도적으로 차이가 난다). 하지만 세계적으로 요리에 마늘이 들어가지 않는 경우를 찾기 힘들다. 사실 마늘은 우리가 먹을 수 있는 음식 중 가장 건강한 음식이다. 오죽하면 세계 10대 슈퍼 푸드로 선정되었을까? 칼로리는 낮고 영양분은 많으며 콜레스테롤과 혈압을 낮춰주고 항암 효과와 항산화 효과가 있으며 치매 예방에도 효과적이다. 마늘에 들어 있는 '알리신'이라는 성분에 이런 효능이 있으니 사람이 되고 싶은 게 아니라고 해도 많이 먹어두면 좋겠지?

마늘 하면 빼놓을 수 없는 것이 바로 드라큘라다. 피를 좋아하고 마늘, 십자가, 햇빛을 격하게 싫어하는 이 친구는 아일랜드 출신의 소설가 브램 스토커가 1897년에 쓴 동명의 소설에서 처음 등장했다. 그런데 도대체 왜 마늘이 드라큘라를 무찌르기 위한 수단으로 등장했을까?

마늘을 보고 놀란 드라큘라의 표정.
과학적으로도 드라큘라는 마늘을 싫어하는
것으로 밝혀졌다.

대부분의 사람은 작가가 마늘의 강한 냄새가 드라큘라를 쫓아낸다는 설정을 한 것으로 알고 있다. 그런데 마늘이 드라큘라에게 안 좋은 이유를 과학적으로 밝혀낸 사람들이 있다. 2019년 게재된 한 의학 논문에는 마늘의 성분이 헤모글로빈의 구성 성분인 '헴'을 분해해 빈혈 증세를 더욱 심하게 한다고 나와 있다. 혈액순환이 원활하지 않은 드라큘라가 빈혈을 유발하는 마늘을 피할 것이라는 흥미로운 추론이 실리기도 했다.

060 위스키 용어 '엔젤스 셰어'는 무슨 뜻일까?

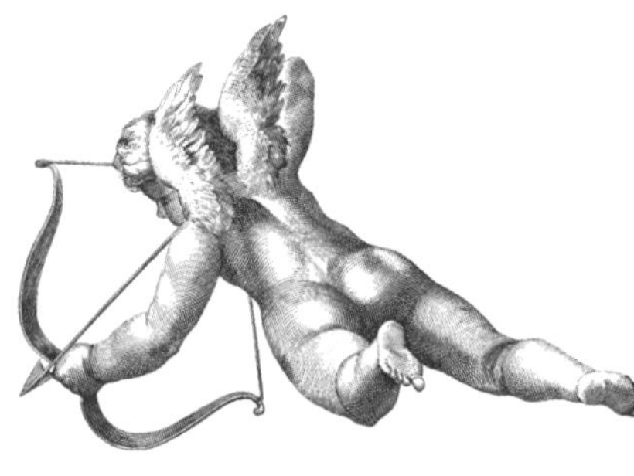

그리스 신화에 등장하는 천사 중 한 명인 큐피드. 어린놈이 벌써 술을 마신다니. 내 위스키 돌려줘라 이 나쁜 놈아.

위스키는 켈트어로 '생명수'라는 의미다. 폼 나게 한잔하기 좋은 이 술의 맛을 안다면 진정한 어른이 되었다는 신호라는데, 그러지 못한 나는 아직 어른과 아이의 경계선에 있는 게 아닐까 조심스레 추측해본다.

'부어라 마셔라' 음주 문화에서 '조금 먹더라도 제대로 알고 즐기는' 음주 문화가 자리 잡으면서 위스키도 많은 사랑을 받게 되었다. 그런데 도대체 사람들이 위스키를 알고 마시는 건지, 그냥 폼 나니까 마시는 건지 영 알 수가 없다. 그래서 이번에는 알아두면 위스키를 마실 때 아는 척할 수 있는 정보 몇 가지를 준비했다.

우선 위스키라는 이름 앞에 붙는 수많은 수식어가 도대체 무슨 뜻인지 모를 수 있다. 몰트, 스카치, 블렌디드…. 영어에 약한 사람들이라면 아마 힘들 것이다. 앞에 붙는 단어는 위스키를 분류하는 방식이다. 생산지에 따라 구분하기도 하고 만드는 원료에 따라 구분하기도 한다. 생산되는 지역에 따라 스카치 위스키, 아이리시 위스키, 아메리칸 위스키, 캐내디언 위스키 등이 있고 만드는 원료에 따라 크게 그레인과 몰트, 블렌디드로 구분할 수 있다. 그레인 위스키는 보리·옥수수·밀 등 곡류를 섞어 만든 술이며, 몰트 위스키는 보리 싹을 틔운 '맥아'로 만든 것이다. 그리고 블렌디드 위스키는 두 종류의 위스키를 섞어서 만든 술이다.

스카치위스키 브랜드 중 유명한 글렌피딕. 배향이 향기롭게 코를 감싸 술 먹는 재미를 준다. 이외에도 맥캘란, 글렌모리지, 발베니 등등 유명한 브랜드가 많으니 취향 따라 골라 먹으면 된다.

위스키의 제조 과정도 꽤 흥미롭다. 보리, 호밀, 밀, 옥수수, 귀리 등 곡류를 주원료로 곡물에 싹을 내거나 갈아서 발효시킨 후 증류, 숙성의 과정을 거치면 투명한 알코올이 탄생하게 된다. 이 알코올을 참나무와 같은 목재 통에 담아 3년 이상 숙성시키면 나무 성분이 우러나 짙은 호박색부터 황금색까지 훌륭한 색과 맛과 향기를 지닌 위스키가 된다.

위스키를 숙성시킬 때 '엔젤스 셰어(천사의 몫)'라는 말을 사용한다. 위스키가 숙성되는 동안 알코올의 특성 때문에 오크 통 속의 내용물이 날아가 해마다 2~3%씩 줄어드는데 사람들이 천사가 그만큼을 마신다고 여겨 나온 말이라고 한다. 천사님, 알코올중독되기 전에 적당히 드세요.

061 파스타, 볶아먹고 지져 먹고 데쳐 먹고 삶아 먹고…

파스타? 스파게티? 뭐가 맞는지 모르겠다고? 둘 다 정답이다. 밀가루와 달걀을 이용해 만드는 이탈리아의 전통 요리 전체를 파스타라고 칭하는데, 여러 종류의 파스타 중 길쭉하게 생긴 것을 보통 '스파게티'라고 부른다. 그러니까 마트에서 쉽게 찾아볼 수 있는 그걸 뭐라고 불러야 하는지 궁금하다면 파스타나 스파게티 둘 중 하나로 불러도 좋다는 말이다.

파스타에는 펜네, 마카로니, 페투치네, 라자냐 등 다양한 종류가 있다. 아마 마트에 가면 파스타 옆에 이상한 모양을 한 정체불명의 무언

파스타의 대표격인 토마토소스 스파게티는 그 역사가 짧은 편이다.

가를 볼 수 있을 텐데 그것들도 모두 파스타다.

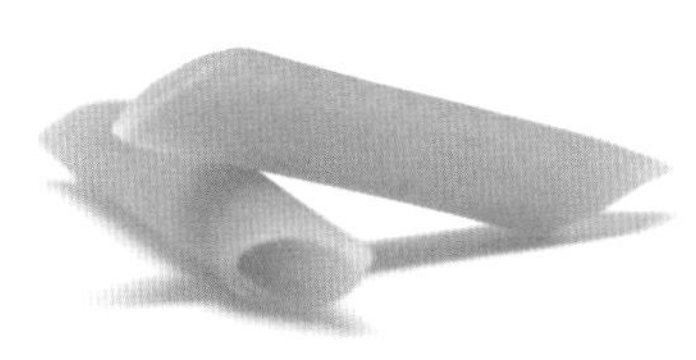
이렇게 생긴 파스타를 '펜네'라고 부른다.

피자와 함께 이탈리아를 대표하는 음식으로 알려진 파스타는 역사가 꽤 오래되었다. 역사가들의 연구에 의하면 기원전 5세기경 이탈리아 중서부의 에트루리아족이 처음 만들어 먹었다는 이야기도 있으니까 거의 2,500년에 가까운 역사를 자랑한다.

이렇게 역사가 오래되다 보니 다양한 파스타 조리법이 존재한다. 볶아 먹고, 지져 먹고, 데쳐 먹고, 삶아 먹는데 어떻게 먹든 간에 파스타는 맛있다. 마카로니나 펜네로 샐러드를 만들 때 구워서 먹기도 하고, 끓인 물에 데쳐 먹기도 한다. 심지어 고대 로마인은 파스타를 튀겨 먹기도 했다.

하지만 우리에게 잘 알려진 조리법은 역시 토마토소스로 만든 스파게티가 아닐까. 너무 식상하다고? 원래 오래된 것이 좋은 것이다. 그만큼 사람들에게 오랜 기간 사랑받아왔다는 검증이니까. 재미있는 것은 토마토소스로 만든 파스타는 그렇게 역사가 길지 않다는 점이다.

토마토는 원래 유럽 지역이 아닌 남미 지역에서 재배되었다. 16세기에 마야 문명과 그 주변에서 재배되던 토마토를 '정복자 코르테즈'가 발견했고, 그가 지금의 멕시코 지역에 토마토를 들여오기 전까지 토마토소스는 존재하지 않았다. 그는 마야인을 잔혹하게 학살한 것으로 유명한데 그래도 인류에게 도움이 되는 행동 하나쯤은 해놨으니 면죄부를 줘야 하는 건가?

062 역사상 가장 많은 사람을 죽인 향신료, 후추

후추 가격이 내리지 않았다면 스테이크에 후추를 뿌려 먹는 건 이재용이나 가능했을 일이다.

전쟁이 끔찍하다는 사실에 동의하지 않을 사람이 있을까? 사람을 죽이기 위해 만들어진 총, 칼, 대포, 미사일이 오가는데 사람이 죽어나가지 않는다면 그것도 이상하다. 애초에 전쟁이 무력을 동원해 상대방을 파괴한 후 이겨서 자신이 원하는 바를 이루기 위한 것이란 걸 고려해보면 수많은 병사와 민간인 그리고 건물들이 흔적도 없이 사라지는 것은 당연하다. 역사상 가장 많은 사람이 죽은 전쟁인 제2차 세계대전의 사망자 수는 7,000만 명에서 1억 3,000만 명 사이로 추산된다고 한다. 대한민국 인구가 한순간에 사라진 것이다.

그런데 역사 속에서 전쟁보다 사람을 더 많이 죽인 향신료가 있다는 걸 알고 있는가? 바로 우리 식문화에서도 쉽게 찾아볼 수 있는 후추다. 오늘날 수많은 요리에 빠지지 않고 들어가는 이 향신료가 도대체 어떻게 사람을 죽였냐고? 향신료를 방사능으로 만들기라도 한 걸까?

후추 때문에 퍼진 흑사병. 향신료 하나로 인해
웬만한 전쟁보다 더 많은 사람이 죽었다.

과거 유럽에서는 후추를 구하기 쉽지 않았다. 그래서 유럽인들은 후추를 얻기 위해 새로운 항로를 개척하기까지 했다. 콜럼버스나 바스코 다 가마 같은 모험가들이 등장한 것도 바로 후추 때문이다.

그런데 1348년 동양에서 향신료를 실어 오는 장거리 무역선에 흑사병이 돌았고 이 질병이 유럽에까지 전파되어 수많은 사람이 죽었다. 그리고 인도를 찾아 떠난 유럽의 탐험가들은 신대륙을 발견했는데 그곳의 원주민들에게 천연두를 퍼뜨렸다. 천연두 때문에 신대륙 지역에서 나온 사망자 수만 해도 1,800만 명 정도였다고 하니 정말 심각한 병이 아닐 수 없다. 향신료 하나 때문에….

063 운동 후 먹으면 근육이 생기는 음식 8가지

시대가 바뀌면서 운동하는 사람이 늘었다. 운동에 미친 사람을 '헬창'이라고 하는데, 자신을 헬창이라고 자랑스럽게 이야기하는 사람도 많다. 운동에 관한 정보도 손쉽게 얻을 수 있어서 운동하기 정말 좋은 시대가 되었다.

하지만 운동 후에 먹어야 할 음식에 대해서는 잘 모르는 것 같다. 운동이 끝난 후 치맥이나 다른 야식을 먹는다면 운동한 게 도로 아미타불이 될 수도 있다. 그럼 뭘 먹어야 하냐고? 먹기만 하면 근육 생성을 보장하는 8가지 음식을 지금부터 알아보자.

바나나

우리 주변에서 흔하게 접할 수 있는 바나나는 운동 후에 먹으면 정말 좋다. 특히 헬창들에게 꼭 필요한 과일이다. 바나나에는 탄수화물과 칼륨이 포함되어 있는데, 이 영양소들은 운동 후에 필수적으로 섭취해줘야 할 것들이다. 바나나에 들어 있는 영양소는 체내 흡수가 빠른 편이라 에너지로 쉽게 전환되기 때문에 운동 전에 먹어도 좋다. 단 공복에는 소화장애를 유발할 수 있으니 주의할 것.

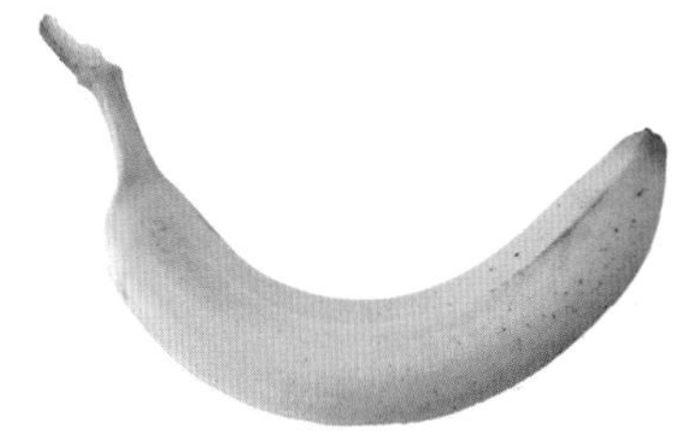

바나나는 원숭이만 먹는 게 아니다.
공복에 먹으면 안 좋으니 밥 먹고 운동하고
나서 먹자.

포도씨는 그냥 먹어도 된다.
먹는다고 내장에서 포도나무가 열리지는
않으니 안심해도 된다.

달걀

달걀에는 단백질이 많아 운동 후에 섭취하면 근육 생성에 도움이 된다는 건 다들 잘 알고 있을 거다. 달걀이 좋은 점은 또 있는데, 먹기 편하며 다양한 방식으로 조리해서 먹어도 된다는 것이다. 그렇다고 달걀로 고칼로리 음식을 만들어서 먹어도 된다는 건 아니다.

물

의외로 물을 잘 안 먹는 사람들이 있는데 큰일 날 일이다. 물은 많이 먹을수록 좋다. 운동하면서 흘리는 땀으로 우리 몸의 수분이 그대로 빠져나간다. 몸에서 빠져나간 수분을 보충하지 않으면 탈수 증상이 올 수도 있다. 이온음료를 먹어도 괜찮지만 이온음료에는 의외로 당분과 열량이 많으니 알아서 잘 섭취해야 한다.

꿀

벌들을 조져서(?) 얻는 꿀은 혈당을 올려주어 운동 후 피로 해소에 도움을 준다. 꿀에는 비타민과 아미노산, 단백질도 풍부하다. 다만 벌들한테 꿀을 강탈해오는 것이니 먹을 때는 마음속으로 감사 인사라도 하는 게 좋겠다.

닭고기

닭고기는 단백질이 풍부하다. 그래서 헬창들은 닭가슴살을 먹는다. 그렇다고 해서 치킨이 좋은 건 아니니다. '1일 1치킨'이 진리이긴 하다만, 치킨은 기름에 튀긴 것이 대부분이라 칼로리가 높고 지방이 많아 별로 건강한 식품은 아니다. 건강하게 먹고 싶다면 구워서 먹거나 오븐에 넣고 돌리는 게 좋다.

요거트

요거트도 단백질과 칼슘이 풍부해서 운동 후 회복 및 근육 성장에 도움이 된다. 주의할 점은 다양한 향이 들어간 요거트보다 플레인요거트를 선택해야 하며, 설탕이 잔뜩 들어간 '가짜 요거트'는 별 효과를 볼 수 없다는 거다. 맛을 내서 먹고 싶다면 과일이나 꿀을 첨가해서 먹는 게 좋다. '찐헬창'은 여기에 단백질 보충제를 섞어 먹는다고 한다.

연어

연어는 오메가3가 풍부해 신진대사를 개선하고, 불포화지방이 혈중 콜레스테롤 농도를 감소시켜 심혈관 질환을 예방해준다. 또한 단백질과 비타민D도 풍부해 운동 후 근육 생성과 근육을 튼튼하게 만드는 데 도움을 준다.

포도

여름철이면 가장 먼저 생각나는 과일인 포도는 강도 높은 운동으로 손상된 근육을 회복하는 데 도움을 준다. 포도당과 과당이 많이 함유되어 있어 피로 해소 효과가 있다. 또한 강력한 항산화 작용을 하는 안토시아닌이 풍부하다.

064 와인에 포도가 이만큼이나 들어간다고?

여자들이 와인을 잘 마시는 이유가 있다. 허세가 아니다.

남자와 여자 중 어느 쪽이 와인을 더 많이 마실까? 마트에 가서 와인을 판매하는 곳에 10분 서 있어 봐라. 십중팔구 여성이 더 많이 기웃거릴 것이다. 여자들은 와인을 좋아한다. 물론 남자 중에도 와인을 좋아하는 사람이 있지만 와인을 사랑하는 사람 중 여성의 비중이 압도적으로 높다.

그런데 이에 대한 그럴싸한 논리가 있다는 걸 알고 있나? 여성이 남성보다 후각이 더 발달해서 와인의 풍미를 더 잘 느낀다는 연구 결과가 있다. 특히 25~35세의 여성은 와인의 향을 더 잘 맡을 수 있다고 한다. 당신의 여자친구가 술만 먹자고 하면 와인을 찾는 이유를 이제 좀 알 것이다.

이제 와인은 특별한 날에만 먹는 것이 아니라 언제든지 쉽게 접할 수 있는 술이 되었다. 그런데 와인을 파고들면 재미있는 사실이 많다. 가령 크기는 쥐똥만 한 바티칸 시국이 세계에서 와인 소비량이 가장 높다든지, '오에노포비아'라는 와인 공포증을 앓는 사람이 있다든지,

까베르네 소비뇽.
대표적인 와인 제조용 포도 품종이다.

이탈리아의 어떤 곳에는 24시간 와인이 쏟아져 나오는 샘이 있다든지….

하지만 뭐니 뭐니 해도 가장 흥미롭고 호기심을 자극할 만한 궁금증은 '과연 와인에 포도가 얼마나 들어갈까?'이리라. 와인은 포도를 발효시켜 만든다. 포도를 수확해 발효한 뒤 나무통에서 숙성해 내놓으면 와인이 탄생한다. 와인을 마시면서 도대체 한 병에 포도가 얼마나 필요할지 생각해본 이들을 위해 준비했다. 결론부터 말하자면 750ml 와인 한 병을 만들려면 포도송이 5개 정도가 필요하다. 포도나무 한 그루에서 대략 30~40송이의 포도를 채집할 수 있으니 나무 한 그루당 6~8병의 와인을 만들 수 있는 셈이다.

아, 그리고 와인을 만드는 포도는 우리가 먹는 포도와 다르다. 양조용 포도는 아예 다른 품종이다. 와인 라벨에서 볼 수 있는 까베르네 소비뇽, 메를로, 피노 누아 같은 것은 모두 포도 품종을 의미하는 단어다. 양조용 포도는 먹는 포도에 비해 과육이 적고 껍질이 두꺼우며 당도가 높다. 와인은 양조용 포도만 발효해 만드므로 원칙적으로는 다른 첨가물이 들어가지 않는다.

CHAPTER 6

마니아도 99% 모른다?!

스포츠

065 왜 다친 거야? 축구 선수들의 이상한 부상

공만 대충 발로 차서 보내니까 별로 안 위험해 보이지만 축구는 사실 매우 격한 스포츠다. 여담으로 대학생 때 축구를 하다가 나간 발목은 지금도 시원찮다. 영국의 한 의학 저널에서 2005년 조사한 바에 따르면 체조, 테니스, 수영 같은 종목의 선수에 비해 축구 선수의 부상 위험이 압도적으로 높다고 한다. 몇몇 축구 선수도 종종 크게 부상을 입어 1~2년 출장을 못하는 걸 보면 답이 나오지 않나? 하지만 개중에는 이상한 방식으로(?) 부상을 입어 억울하게 경기에 출장하지 못한 선수들도 있다. 얼마나 이상하게 다쳤냐고? 보면 안다.

산티아고 카니사레스(스페인)

아마 이 선수는 축구 역사상 가장 불운한 선수일지도 모른다. 2002년 월드컵에서 스페인 국가대표 주전을 맡았지만 애프터셰이브 병을 자신의 발가락에 떨어트린 탓에 월드컵 출전이 물건너갔다. 덕분에 스페인 국가대표 수문장의 영광은 이케르 카시야스에게 돌아갔다. 그리고 카시야스는 '월클'이 되었다.

데이브 비센트(잉글랜드)

1980년대와 1990년대를 통틀어 첼시에서 133경기나 뛴 이 선수도 부엌에서 샐러드 크림이 들어 있는 병을 떨어뜨렸다가 두 달이나 경기에 출장하지 못했다. 제발 병 좀 잘 둡시다.

축구선수가 축구 게임하다가 부상당한다고?

리오 퍼디낸드(잉글랜드)

긴말 필요 없다. 집에서 '위닝 일레븐' 게임하다가 무릎을 다쳐서 경기에 못 나왔다. 너무 오래 앉아 있어서 무릎에 손상이 갔단다. 그거 그만하고 직접 뛰는 게 더 좋았을 텐데….

리처드 라이트(잉글랜드)

에버튼에서 뛰던 이 선수는 경기 직전에 몸을 풀다가 잘못 착지해 발목을 다쳤다. 접시 물에 코 박아도 재수 없으면 죽는 게 이 바닥인가 보다.

데이비드 베티(잉글랜드)

원래 무릎 부상으로 고생하고 있던 이 미드필더는 자신의 두 살배기 딸이 세발자전거로 자신의 발목을 치는 바람에 더 큰 고통을 받아야 했다. 교통사고감이다.

칙 브로디(잉글랜드)

경기장에 난입한 개와 충돌해 무릎을 다쳐 은퇴해야만 했다. 자나

깨나 충돌 조심.

좋은 차를 뽑아도 다리가 짧으면 아무 소용이 없다.

앨런 라이트(잉글랜드)

애스턴 빌라에서 250경기 이상 출장하면서 이름을 알린 이 윙백은 돈을 많이 번 기념으로 페라리를 샀는데 가속 페달을 밟다가 무릎 인대를 다쳤다. 그의 키는 163cm였는데, 페라리의 가속 페달까지 그의 발이 닿기에는 조금 먼 거리였나 보다.

파울로 디오구(스위스)

2004년 경기 도중 어시스트를 하고 신나서 골대 뒤의 철망에 매달려 세레모니를 하고 뛰어내리다가 왼손에 끼고 있던 결혼반지가 철망에 걸려 손가락이 잘렸다. 그래도 이만하길 진짜 천만다행이다.

브라이언 롭슨(잉글랜드)

자신의 침대에서 술주정을 부리며 같이 파티하자고 조르던 동료를 밀어내려다가 발가락 골절을 당했다. 술 먹으면 곱게 자야지.

다리우스 바셀(잉글랜드)

발가락의 물집을 드릴로 제거하려다 발가락 부상을 입었다.

애덤 채프먼(잉글랜드)

갓난아기인 자신의 아이에게 좋은 아빠가 되려고 뜨거운 젖병을 자신의 젖꼭지에 대었다가 화상을 입었다.

리암 로렌스(잉글랜드)

어두컴컴한 집에서 자신이 키우던 개에게 걸려 넘어져 계단에서 굴렀다.

르로이 리타(콩고)

침대에서 스트레칭하다가 부상을 입었다. 아, 이건 좀….

티보 쿠르투아(벨기에)

첼시에서 이름을 날렸고 현재는 레알 마드리드 소속인 이 선수는 농구를 하던 도중 발목 부상으로 경기에 못 나왔다. 축구가 심심해서 전직하려고 한 걸까?

066 프리스비의 원반을 죽은 사람으로도 만들었다고?

프리스비를 만든 에드 헤드릭.
죽은 뒤 프리스비가 되었다.

프리스비를 애플 제품 판매하는 곳으로 생각하는 당신은 진정한 '앱등이'가 아닐까 싶다. 하지만 이번에 설명하는 프리스비는 원반을 던지고 노는 놀이를 지칭한다.

댕댕이들이 좋아하는 원반던지기가 20세기 최고의 발명품 중 하나라면 믿기는가? 1940년대 후반 예일대에 다니던 정신 나간 한 친구가 파이 접시를 던지고 놀면서 시작된 이 스포츠는 이제 사람보다 개들이 더 좋아하는 놀이가 되었다. 하얀 털을 휘날리는 보더콜리가 멋지게 점프해 원반을 물어내는 모습, 어디선가 보았겠지?

그런데 원반던지기가 댕댕이들이 좋아하는 놀이로 변형된 건 도대체 누구 덕분이냐고? 바로 '에드 헤드릭'이라는 미국의 장난감 제작자 덕분이다. 그가 원래는 금속 재질로 만들어졌던 원반을 플라스틱 소재로 바꾼 후 '프리스비'라는 이름을 붙여주었다(이 스포츠는 '얼티밋'이라는 정식 명칭이 있지만 사람들은 프리스비라고 더 많이 알고 있다). 덕분에 오늘날 수많은 개가 소일거리를 찾았다.

참고로 프리스비는 원래 특정 장난감 회사에서 만들던 장난감의 이름이었다(상표 등록이 되어 있는 것이 증거다). 하지만 이제는 이 놀이 자체를 프리스비라고 지칭한다. 한 회사가 만든 제품이 그 부류의 제품 전체를 아우르는 명칭이 되는 경우가 종종 있다. 워터픽, 캐터필러, 어그, 네임펜 등이 대표적인 예다.

에드 헤드릭이 들어간(?) 프리스비.
그럴싸하게 생겼다.

에드 헤드릭은 재미있게도 프리스비 원반이 되고 싶다는 유언을 남겼고 그 유언은 실현되었다. 인간이 어떻게 프리스비 원반이 되었냐고? 그가 사망한 후 유족들은 그를 화장한 뒤 나온 재를 프리스비 원반을 만드는 데 사용했다. 죽어서도 훨훨 날아다니겠구먼. 자신의 발명품에 애착이 많았나 보다.

067 세계 최대의 스포츠 브랜드 나이키에 숨은 비밀

이 로고가 고작 35달러 정도로 만들어졌다니, 투입 대비 산출이 어마어마하잖아?

비밀 1

나이키의 창립자 빌 보워먼은 필 나이트와 함께 1964년에 나이키를 창립했다. 원래는 일본의 오니쓰카 타이거를 미국에 공급하는 일을 했는데, 당시 이름은 '블루리본 스포츠'였다. '나이키'라는 이름은 1971년부터 사용했다.

비밀 2

초창기 나이키의 신발 샘플은 캥거루 가죽, 사슴 가죽, 물고기 가죽 등 다양한 소재로 만들어졌다. 러닝화에 어떤 소재가 제일 좋을지 테스트하기 위해서였다.

비밀 3

'나이키' 하면 떠오르는 '스우시' 로고는 고작 35달러로 만들어졌다. 당시 대학원생이었던 캐롤린 데이비슨은 푼돈에 대박 로고를 만들어 냈다. 그래서 그 돈 받고 끝났냐고? 아니다. 창립자들은 나중에 캐롤린에게 나이키 지분과 금으로 만든 스우시 반지를 선물했다.

비밀 4

한국에서도 나이키 신발을 만든 적이 있다. 갭, 나이키, 언더아머 같은 세계적인 의류 회사들은 노동력이 저렴한 지역의 생산 회사에 하청을 주는 방식으로 옷을 만들어내는데, 1960년대 한국의 노동력은 저렴한 수준이었기 때문에 나이키의 하청을 받은 것이다. 참고로 나이키는 자체 공장을 아예 갖고 있지 않다.

나이키에서 나온 신발 중 희귀하기로 소문난 에어맥. 「백 투 더 퓨처」에서 주인공이 신었던 신발이다. 신발 하나에 최소 4만 4,000달러, 한화로 4,500만 원이 넘는다. 왜 사람들이 신발 리셀에 목매는지 이제 알겠는가?

비밀 5

나이키는 비틀스로부터 고소를 당한 적이 있다. 나이키가 1987년의 에어맥스 광고에서 비틀스의 노래 중 하나인 「Revolution」을 무단으로 사용했기 때문이다. 나이키는 고소를 당했음에도 신경 쓰지 않고 계속 광고를 틀었다. 무슨 배짱이었을까?

비밀 6

나이키는 1972년부터 스포츠 선수 마케팅을 시작했다. '나이키' 하면 운동선수가 착용한 나이키 제품이 떠오른다. 이는 나이키 제품을 사게 하는 마케팅의 한 방식이다. 나이키를 입고 경기장에 나섰던 첫 번째 선수는 일리에 나스타세라는 루마니아의 테니스 선수였다.

비밀 7

나이키는 많은 회사를 인수한 것으로도 유명하다. 나이키는 한때 콜한, 서핑 브랜드 헐리, 엄브로, 컨버스 등의 브랜드를 보유했는데 현재는 모두 처분하고 컨버스와 헐리의 지분만 소유하고 있다. 아마도 컨버스의 대주주가 나이키라는 걸 알고 깜짝 놀랄 사람이 많으리라.

비밀 8

마이클 조던은 은퇴했지만 매년 나이키로부터 수백억 원의 돈을 받는다. 나이키 하면 빼놓을 수 없는 게 바로 에어 조던이다. 농구화지만 스트리트 패션에서도 어마어마한 인기를 끌고 있는 에어 조던은 시카고 불스의 전설적인 농구 스타 마이클 조던을 전면에 내세워 론칭한 라인이다. 패션은 잘 몰라도 조던 신발이 유명한 건 다들 알 것이다. 재미있게도 원래 마이클 조던은 나이키의 스폰을 받을 생각이 없었다고 한다. 그가 나이키의 제품들을 별로 좋아하지 않았기 때문이다. 그의 행복한 노후를 나이키가 책임져줄 것이라고는 본인도 몰랐으리라.

비밀 9

나이키라는 이름은 다른 분야에서도 등장한다. 미군이 운용하던 미사일 중에도 나이키가 있다. 둘 다 그리스 신화에 등장하는 승리의 여신 니케로부터 따온 이름이다.

비밀 10

스마트폰과 스마트 워치로 나이키 신발끈을 묶을 수 있다. 2019년 출시된 나이키 어댑트 허라취는 음성 인식으로 운동화를 발에 맞게 조이거나 느슨하게 할 수 있다. 신발끈 풀릴 걱정은 안 해도 되겠다.

비밀 11

나이키는 영화에도 등장했다. 팀 버튼의 「배트맨」에서 배트맨이 신던 신발을 나이키가 디자인했고, 「백 투 더 퓨처」의 에어맥 모델도 나이키의 것이다.

비밀 12

우리나라 회사 덕분에 나이키 신발이 만들어졌다. 그 주인공은 한때 이름을 날렸던 '대우'다. 나이키 모델 중에 '폼포지트(폴리우레탄으로 만들어지는 합성 소재의 일종)'라는 이름이 들어간 모델이 있다. 대우가 폼포지트를 만드는 기술을 완성하는 데 핵심적인 역할을 담당했고 그 덕분에 나이키에서는 이 이름을 넣어 신발을 만들 수 있었다. '국뽕' 차오르는데?

비밀 13

한때 에어포스 원은 생산이 중단된 적이 있다. 1982년에 처음 등장했지만 판매 1년 만에 나이키는 이 제품을 단종했고 1986년에 재발매했다. 이거 단종되었으면 서운해할 사람 많았을 것 같은데?

068 스포츠와 관련된 황당하고 이상한 기네스북 기록

기네스북은 기인열전이라 표현해도 될 만큼 황당한 기록을 자랑한다. '1분 동안 달걀 80개를 이마로 깬 남자', '원주율 10만 자리를 16시간 28분 동안 외운 남자' 등 지구상 가장 이상한 기록을 모은 것이 바로 기네스북이다. 1955년부터 지금까지 세계의 온갖 황당한 기록이 담겨 있는 이 책에는 스포츠와 관련된 기록도 무수히 많다. 인간의 한계가 어디까지인지 알아볼 준비가 되었는가?

가장 빠른 테니스 서브

약 262km/h. 호주의 샘 그로스. 서브 하나로 포르쉐 911 터보의 최고 속도를 뛰어넘었다.

스케이트보드에 올라타 가장 빨리 100m를 달린 개

19.67초. 틸만. 인간이 아니라 개도 스케이트보드를 탄다.

두 손 두 발로 기어서 100m 달리기 기록

17.47초. 일본의 이토 겐이치. 확실히 네 발 달린 동물한테는 못 이긴다.

가장 빠른 테니스 서브 기록을 세운 호주의 샘 그로스.

하이힐 신고 달리는 데 15초? 기회가 된다면 한번 도전해보라.

30초 안에 한 손가락으로 팔굽혀 펴기 횟수 기록

41회. 중국의 시에 귀종. 영춘권이라도 하셨나?

하이힐 신고 100m 달리기 기록

14.531초. 독일의 줄리아 피처. 샤넬백 구매하기 아르바이트하면 잘할 것 같다.

경기장에서 가장 큰 소리를 내는 관중의 데시벨

137.5dB. 미국 미식축구 리그의 캔자스 시티 치프스의 홈 경기장에서. 응원하고 싶으면 이 정도는 해야지.

가장 무거운 여자 운동선수

203kg. 미국의 스모 선수 섀런 알렉산더. 장미란 선수가 현역 때 118kg였다고 하니 얼추 장미란 선수 2명이 있는 셈이다.

가장 고령의 기계체조 선수

86세. 독일의 요한나 쿠아스. 제2차 세계대전 때부터 기계체조 선수로 활동했던 그녀는 2012년 독일에서 열린 한 체조 대회에 참가해 노익장을 과시했다. 이 정도면 '고인물'이 아니라 '썩어서 문드러진 물' 아닌가? 이 할머니는 동갑내기 친구 엘리자베스 여왕의 생일 축하를 위해 2016년 스카이다이빙까지 했다. 젊게 사시는구먼.

1시간 동안 농구 자유투 던지기 최다 기록

2,371번. 미국의 밥 피셔. NBA 2012~13시즌 동안 르브론 제임스, 코비 브라이언트, 크리스 폴, 드웨인 웨이드, 카이리 어빙과 케빈 듀란트가 던진 자유투 기록을 모두 합쳐야만 그를 이길 수 있다.

혀로 가장 무거운 무게 들기 기록

12.5kg. 영국의 토마스 블랙쏜. 혀 근육이 강력한 남자, 어떠한가?

069 그랜드 슬램은 '고인물'이 다 해먹는다고?

테니스 공인구로 사랑받는 윌슨. 영화 「캐스트 어웨이」의 윌슨과 같은 것이다.

테니스는 19세기 영국에서 탄생했다. 애초에 귀족들을 위한 스포츠였기 때문에 지금도 서양에서는 테니스가 귀족들의 전유물이라는 인식이 강하다. 경기 중에 온갖 야유를 보내는 다른 스포츠들과 달리 테니스는 선수들이 경기하고 있을 때 절대적으로 침묵을 지켜야 하며, 객석 이동도 할 수 없다. 관중이 선수의 실책에 조롱하거나 박수를 보내는 것도 매우 몰상식한 행위로 취급받는다. 이 정도면 대충 어떤 이미지인지 감이 잡히겠지?

재미있는 것은 초창기 테니스의 경기 규칙이 지금까지 별로 바뀌지 않았다는 점이다. 처음 테니스가 탄생했을 때의 규칙이 지금까지 이어졌다. 0-15-30-40의 점수 체계를 갖는 점이나 코트의 규격 등은 변하지 않았다.

하지만 2가지가 변했는데, 바로 '서브와 관련된 규정'과 '타이 브레이크'다. 과거에는 서브를 넣을 때 한 발이 땅에 닿아 있어야 했지만 지금은 두 발을 떼고 넣어도 괜찮다. 1970년대에 도입된 '타이 브레이크'

BIG 4 중 한 명인 영국의 앤디 머레이. 허리 부상을 크게 입어 결국 2019년에 은퇴했다. 엄밀히 따지면 이제는 BIG 4가 아닌 BIG 3라고 해야 할 듯하다.

는 한 세트의 마지막에 게임 스코어가 6 대 6 동점일 때 7점을 먼저 내는 사람이 세트를 가져가는 제도다.

어쨌든 이렇게 오랜 역사를 지닌 테니스를 재미있게 보려면 그랜드 슬램 정도는 기본 상식으로 알아두어야 한다. 지구의 어딘가에서는 거의 매일 테니스 대회가 열린다. 그랜드 슬램은 그중 가장 권위 있는 4개의 메이저 대회를 지칭하는 단어다. 호주에서 열리는 호주 오픈, 프랑스에서 열리는 롤랑가로스, 영국 런던에서 열리는 윔블던, 미국에서 열리는 US오픈이 그 주인공이다.

그런데 이 유명 테니스 대회의 '고인물'이 있다. 바로 테니스 'BIG 4', 페더러-나달-조코비치-머레이다. 이들은 2000년대 중반부터 현재까지 테니스 남자 단식 그랜드 슬램을 주름잡고 있다. 2004년부터 2019년까지 62회 치러진 그랜드 슬램에서 페더러, 나달, 조코비치 3명이 52회 우승하는 기록을 세웠을 정도이니 얼마나 '썩은물'인지 상상도 안 간다. 그랜드 슬램이라는 이름보다 'BIG 4 슬램'이라는 이름이 더 어울리는 것 같다.

070 | 메이저리그와 마이너리그의 차이점은?

메이저리그 선수라면 떼돈을 벌 수 있다. 당연히 대우도 세계 최고 수준이다.

두 팀이 방망이, 공, 글러브를 사용해 겨루는 구기 종목인 야구는 전 세계에서 사랑받는 스포츠 중 하나다. 야구가 널리 사랑받게 된 데에는 1901년부터 시작된 메이저리그 베이스볼(줄여서 MLB)의 역할이 컸다. 야구는 미국인의 국민적 스포츠이며, 명실공히 세계 최고의 야구 리그로 사랑받는 MLB는 100년이 넘는 역사를 자랑한다.

메이저리그는 크게 아메리칸 리그와 내셔널 리그로 나뉘어 진행된다. 둘 중 더 먼저 탄생한 리그는 무엇일까? 정답은 1876년에 탄생한 내셔널 리그다. 아메리칸 리그는 1901년에 탄생했으니 조금 더 늦었다. 내셔널 리그가 조금 더 오래되었으니 당연히 역사가 더 오래된 팀이 많겠지? 과거에는 두 리그가 분리되어 운영되어 오다가 2000년에 단일 기구로 통합되었다.

그런데 메이저리그 하면 빼놓을 수 없는 것이 있다. 바로 마이너리그다. 메이저리그보다 한 단계 아래의 야구 리그로 일반적인 1군, 2군

마이너리그 선수들은 저렴한 빵만 먹는다. '헝그리 정신'이 있어야 억울해서라도 성공한다는 발상인 건가?

개념과 달리 메이저리그와 마이너리그는 팀에서 팀으로 이적하는 것에 가깝다. 물론 수준은 메이저리그가 훨씬 더 높다는 것쯤은 알겠지.

메이저리그와 마이너리그는 모든 것에서 차이가 난다. 우선 선수들의 평균 연봉이 크게 차이 나는데, 메이저리그는 한화로 평균 5억 5,000만 원 수준이고, 마이너리그는 평균 1,000만원 수준이다. 한마디로 메이저리그 선수들은 호사를 누리며, 마이너리그 선수들은 눈물 젖은 빵을 먹으며 방망이를 휘두른다.

또한 메이저리그 선수들은 구단이 소유한 전세기를 이용해 이동하고 특급 호텔에서 숙박하지만, 마이너리그 선수들은 버스로 이동하고(미국 같은 넓은 땅덩어리에서는 차로 다니면 정말 오랜 시간이 걸린다) 허름한 모텔에서 숙박한다. 먹는 것도 한쪽은 최고급, 한쪽은 최대한 저렴한 음식이 제공된다.

이렇게 차이를 두는 이유는 분명하다. 더 수준 높은 경기력을 가진 선수에게 훨씬 더 후한 보상을 지급하겠다는 것이다. 경기력이 뛰어나면 더 재미있는 경기가 나올 가능성이 높다. 그러면 더 많은 관객을 끌어모아 돈을 벌어들일 수 있다. 당신도 짐바브웨 3부 리그보다 프리미어 리그 경기를 보지 않겠는가(사실 짐바브웨에 3부 리그가 있는지도 잘 모르겠다).

메이저리그 선수와 마이너리그 선수에게 지급되는 보상에 차별을 두는 이유가 또 하나 있다. 바로 마이너리그 선수들에게 동기부여를 하겠다는 것이다. 잘나가는 S급 선수들을 보는 마이너리그의 선수들은 '나도 열심히 노력하면 저렇게 될 수 있다.'라는 마음을 품게 된다. 자극을 주어 발전하도록 한다는 건데 먹는 것으로 차별받게 되면 조금은 서글플 것 같다.

071 F1 선수는 운전만 하면 살이 빠진다?

이 차는 이제 다이어트의 상징이다. 앉아서 몰기만 하면 살이 빠진다.

남자라면 빠른 속도로 달리는 경주용 차를 보고 '내 안의 흑염룡이 미쳐 날뛰는 것'을 주체하지 못할 거다. 남자들의 피를 끓어오르게 하는 주범은 바로 세계적인 레이싱 대회 F1이다. 350km/h의 빠른 속도로 차들이 굉음을 내면서 달리는 장면을 볼 때마다 전 세계 사람들이 열광한다.

'최고의 자동차 경주'라는 뜻의 F1은 1950년에 처음 시작된 이래로 많은 사랑을 받아왔다. F1에서 자주 사용되는 단어 중 '그랑프리'가 있는데 직역하자면 '커다란 행사' 혹은 '큰 상'이라는 뜻이다. 원래 그랑프리는 초기부터 유럽의 각 지역에서 열리던 레이싱 대회를 의미하는 것이었는데, 모두 하나로 합쳐져 F1이 되었다. 그래서 각 지역에서 열리는 대회를 요즘에도 그랑프리라고 칭한다.

그런데 F1에서 볼 수 있는 자동차들은 꽤 특이하게 생겼다. 도로에서 타는 차와는 아예 뼈대부터 다르다. 경주용 차는 속도를 내는 데 최적화된 차량으로 18개월 정도 걸려 만들어진다. 사용 부품부터 소재까지 일반 차량과는 다른 최고급 부품을 사용한다. 각각 최소 8만 개의 부품으로 구성되어 있는데 하나라도 잘못되면 차가 제 기능을 하지 못할 정도로 정교한 기술로 제조된다. 그래서 얼마냐고? 제조사가 정확한 가격을 밝히지는 않지만 추정컨대 한 대당 700만 달러 정도라고 한다.

F1에서 최고 레벨의 선수 중 한 명인 루이스 해밀턴. 운전 실력 하나로 부와 명예를 모두 거머쥐었다.

이렇게 비싼 차인데도 시동을 걸 때 엄청 불편하다. 보통 자동차는 시동 걸 때 키를 꽂고 돌리거나 버튼을 누르면 끝이지만, F1의 경주용 차는 예열을 통해 일정 온도로 맞추지 못하면 아예 엔진이 켜지지도 않는다. 비싼 엔진을 사용해 최고의 속도를 내지만 그 수명은 매우 짧아서 대회에 5~7회 참가하면 엔진을 갈아야 한다. 가성비는 '똥망' 수준이다.

그런데 이 차에 타면 '폭풍 다이어트'를 할 수 있다는 것, 아는가? 그것도 격한 운동을 하는 것이 아니라 운전석에 앉아서 운전만 하면 단시간에 4kg이나 빠진다. 혹한다고? 잠깐 들어보고 판단하라. F1의 레이서가 운전을 시작하면 운전석은 정말 어마어마하게 뜨거워진다. 차 앞에 달려 있는 카본 브레이크의 온도는 주행 시 1,000~1,200℃이며 아스팔트에서 올라오는 열까지 더해지면 그야말로 차 안은 '핀란드 사우나'가 된다. 그래서 선수들은 그랑프리에 한 번 참가할 때마다 평균 4kg이 빠진다. 운전 좋아하는데 다이어트하고 싶다면 한번 도전해보는 것도 나쁘지 않겠다.

072 ‘바구니’가 아니라 ‘상자’에 농구공을 넣을 뻔했다고?

농구를 만든 제임스 네이스미스.
정작 농구 감독은 잘하지 못했다.

마이클 조던, 르브론 제임스, 허재, 코비 브라이언트, 스테픈 커리의 공통점은? 바로 우리에게 잘 알려진 농구선수라는 것이다. 농구는 손으로 공을 바스켓에 던져 넣어 득점하는 구기 종목으로 100년이 넘는 기간 동안 사람들의 사랑을 받아오고 있는 스포츠다.

농구를 만든 사람은 누구일까? 캐나다 출신(미국인이 아니다) 제임스 네이스미스가 1891년에 최초로 고안한 것으로 알려져 있다. 그는 미국 매사추세츠의 YMCA 교사였는데, 당시 학생들에게 운동을 가르치다가 우연히 바구니에 공을 던져 넣는 재미를 깨닫고 농구를 고안해냈다. 그렇게 해서 1892년, 처음으로 캐나다가 아닌 미국에서 농구 경기가 열리게 되었다. 당시 각 팀의 선수는 9명이었으며 축구공으로 경기를 진행했고 경기 시간은 전후반 각각 15분이었다.

재미있는 것은 제임스가 농구를 만들긴 했지만, 농구 감독으로는 별로 소질이 없었다는 거다. 캔자스 대학교 농구팀 감독이었을 당시 유일하게 50%의 승률을 올리지 못한 불명예로운 기록을 갖고 있다. 심지어 팀이 48 대 8의 스코어로 진 적도 있었다. 하긴, 게임 만들었다고 그 게임 잘하란 법은 없으니….

원래 농구는 박스에 공을 넣는 게임이었다. 공을 넣으려면 크기가 큰 박스여야 했겠지?

그런데 농구가 한때 'Basketball'이 아니라 'Boxball'로 불릴 뻔했다는 사실을 알고 있는가? 원래 농구가 처음 탄생했을 때는 바구니나 박스에 공을 던져 넣기도 했으니 'Boxball'이라는 이름도 충분히 이해는 간다. 참고로 당시 사용했던 바구니는 복숭아를 담던 바구니였다고 한다.

바스켓과 붙어 있는 백보드에도 재미있는 탄생 비화가 있다. 당시에는 농구를 관람하던 관중이 선수들이 슛할 때 온갖 방법으로 방해하는 경우가 많았다고 한다. 심지어 관중석에서 손을 대서 공이 들어가지 못하도록 튕겨 내는 일도 있었을 정도였다고. 팬들이 경기를 방해하는 것을 막기 위해 백보드를 설치하게 된 것이 지금까지 이어져 내려온 것이다.

073 고대로부터 전해져온 유서 깊은 주먹질, 복싱

고대에는 이런 글러브를 썼다.
맞으면 쓰리강냉이 각인데?

복싱은 매우 거칠지만 남자들을 열광시키는 스포츠 중 하나다. 아무런 도구도 필요 없고 맨주먹으로 즐길 수 있고 야성미가 넘쳐서 그런 것이 아닐까. 슈가 레이 로빈슨, 무하마드 알리, 록키, 마이크 타이슨, 메이웨더까지 수많은 스타를 낳은 복싱은 언제부터 시작되었을까?

사실 복싱은 기원전 3000년부터 시작된 역사가 아주 오래된 운동이다. 고대에 만들어진 벽화나 조각에서 사람들이 권투를 즐겼던 걸 알 수 있고, 고대 그리스에서 열린 올림픽에서 정식 종목으로 채택되기도 했다. 딱히 도구가 필요 없고 인간의 몸으로만 할 수 있는 운동이니 역사가 오래된 것이 그다지 이상하지도 않다. 이후 18세기 영국에서 노동자들이 즐길 수 있는 여가 활동으로 복싱이 인기를 끌었고, 1904년에는 다시 올림픽의 정식 종목으로 채택되면서 재조명받기 시작했다.

과거의 복싱 규칙과 오늘날의 복싱 규칙은 조금 다르다. 오늘날 복싱에서 사용되는 링은 가로세로 6m가 조금 넘는 길이의 정사각형이다. 멀리서 보면 꽤 넓어 보여서 도망 다닐 수 있을 것 같다. 하지만 함부로 들어갔다가는 실컷 두들겨 맞고 나올 것이다. 다들 링 밖에서는 그럴싸한 계획이 있다. 링 안에서 '처맞기' 전까지는 말이다.

복싱 글러브는 무겁다고 좋은 게 아니다. 자신의 체형에 맞는 무게를 선택해야 한다.

만약 사각의 링에 들어가게 되면 어떻게 두들겨 맞게 될까? 복싱에서 상대를 공격하는 방법은 크게 잽, 스트레이트, 훅, 어퍼컷, 스윙 정도가 있다. 공격 기술의 수가 적고 단순하니 쉽게 피할 수 있을 거라고 말하는 사람도 있겠지만 막상 맞다 보면 그런 건 생각도 안 나게 될 거다. 숙련된 선수의 주먹은 매우 빠르기 때문에 방어하기도 전에 얼굴에 주먹이 꽂힐 거다. 그래도 벨트 밑으로 가격하는 것은 반칙이니까 당신의 '미트볼'이 터질 걱정은 안 해도 된다.

보기에는 매력 넘치는 스포츠지만 복싱은 분명 위험한 스포츠다. 복싱하다가 사망한 선수는 수도 없이 많다. 그래서 노르웨이, 아이슬란드, 쿠바, 이란 등에서는 프로 복싱이 금지되었다. 머리에 타격을 받다 보니 뇌에 심각한 손상을 입어 후유증을 겪기도 한다.

하지만 대회에 나가는 선수가 아닌 일반인이라면 복싱은 정말 좋은 스포츠다. 코어 근육과 체력을 길러주고 활동량이 많아 체중 감량에도 큰 도움이 되기 때문이다. '저질 체력'이 하루가 다르게 바뀌는 걸 느끼게 될 것이다.

074 근육과 관련된 몰랐던 사실

이 정도까진 바라지도 않는다.
더도 말고 덜도 말고 뱃살이 없을 정도로만….

우리 몸은 수많은 근육으로 이루어져 있다. 온몸에 있는 근육의 개수만 해도 600개가 훌쩍 넘는다. 하긴 우리 몸의 절반을 차지할 정도이니 수가 적은 게 이상하다. 심지어 얼굴에도 근육이 있으며 팔근육이나 복근 말고도 내장 기관과 심장에도 근육이 있다. 그런데 내장 기관 근육을 헬스로는 못 키운다는 점은 알아두라.

사실 1

근육은 다 같지 않다. 근육은 크게 3가지로 구분된다. 뼈와 뼈 사이에 붙어 있는 골격근(일반적으로 근육 하면 떠올리는 것), 심장벽을 이루고 있는 심장근, 위나 방광 같은 내장 기관의 벽을 이루고 있는 내장근이다. 골격근은 걷거나 뛰거나 머리를 끄덕이는 등 우리의 움직임에 밀접한 연관이 있으며, 심장근은 펌프질을 통해 온몸으로 피가 퍼져 나가게 해주고, 내장근은 음식을 소화하거나 화장실에서 작은 걸 볼 때 쓰인다.

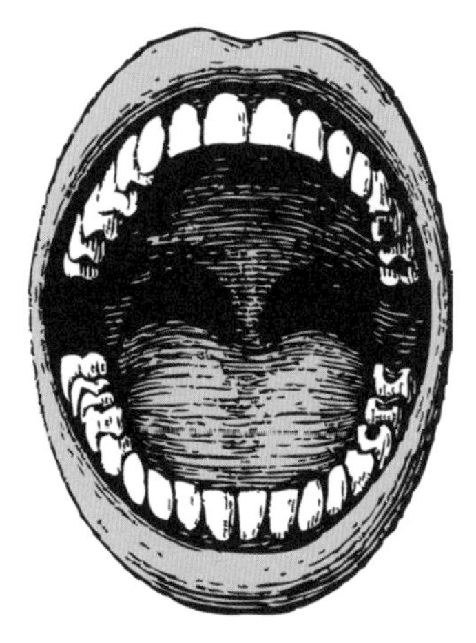

심지어 혀에도 근육이 있다. 세 치 혀로 나라를 말아먹는 게 근력의 힘이었다니.

사실 2

우리 몸에서 가장 중요한 근육은 둔부에 있다. 바로 '대둔근'이다. 이 부분이 약해지면 고관절, 발목, 허리 등 온갖 부위가 쑤시고 아프며 심하면 심장병이나 암에 걸리는 최악의 사태를 맞이할 수 있다. 엉덩이를 무시하면 안 되겠다. 참고로 대둔근은 영어로 'Gluteus Maximus'라고 불리는데, 얼핏 들으면 로마 제국 검투사 이름이랑 비슷하다.

사실 3

혀로 미각만 느끼는 것이 아니다. 혀에는 8가지 근육이 있으며 약 10cm 길이다. 밥을 먹을 때나 말을 할 때도 혀의 근육을 이용한다.

사실 4

근육은 상당히 무겁다. 같은 무게의 지방과 근육을 비교해보면 부피 차이가 꽤 나가는 걸 알 수 있다. 당신이 '캡틴 아메리카' 같은 몸을 갖고 있지 않다고 해도 당신 몸무게의 약 40%는 근육 무게다.

사실 5

근육은 잘 때 만들어진다. 헬스 열심히 하고 운동 열심히 해봤자 잠을 안 자면 근 성장이 안 된다. 잠이 보약이다.

사실 6

근육도 자신의 옛날 모습을 기억한다. '머슬 메모리'라는 말이 있다. 어떤 사람이 운동을 통해 일정 수준의 근육 성장에 도달했다면 운동을 쉬었다가 다시 해도 상대적으로 쉽게 원래의 상태로 도달할 수 있다. 한마디로 운동 좀 했던 사람은 금방 몸을 만들 수 있다는 이야기다. 참고로 몸짱이 되고 싶다면 젊었을 때 하는 게 더 좋다. 새 근육핵은 젊을 때 더 잘 생성되기 때문이다. 나이 어리다고 자만하지 말고 미리미리 준비해라. 안 그러면 나이 들었을 때 온몸이 골골거리는 자신을 발견할지도 모른다.

075 운동량이 가장 많은 운동 8가지

돈이 있건 없건 계단 오르기는 정말 최고의 운동이다. 엘리베이터 끊고 걸어다녀보자.

현대인은 운동량이 부족하기 쉽다. 그렇다 보니 다이어트를 고민하는 이도 많다. 적당히 먹자니 배가 고프고, 많이 먹자니 운동하기 귀찮고…. 많이 먹으면서도 날씬한 몸을 유지하는 방법은 없을까? 간단하다. 같은 시간을 투자했을 때 운동량이 더 많은 운동을 하면 된다. 다음의 운동들은 달리기나 헬스 같은 클래식한 운동만큼이나 살 빼기 좋다. 더 재미있기도 하다.

계단 오르기

엘리베이터 없는 데에서는 못 사는 사람이 은근히 많다. 그만큼 계단 오르기는 힘든 운동이다. 그런데도 언제 어디서나 계단만 있다면 할 수 있는 운동이다. 특히 뛰어서 오른다면 칼로리 소모량은 더 늘어난다. 시간이 없어서 못한다는 건 핑계다. 학교 갈 때든, 사무실에 갈 때든 언제나 할 수 있다.

인라인스케이트는 재밌고 심지어 운동까지 된다. 이 정도면 최고 아닌가?

인라인 스케이팅

달리기보다 덜 지루하고 더 재미있으며 비슷한 수준으로 열량을 태울 수 있다. 여의도 공원으로 짐 싸서 출발하자.

줄넘기

어렸을 때부터 자주 접했던 운동이라 의외로 줄넘기를 무시하는 사람이 많은데, 사실 줄넘기는 1시간에 670kcal를 태울 수 있는 아주 훌륭한 운동이다. 식단 조절을 병행하고 제대로만 한다면 살이 쭉쭉 빠지는 자신을 발견할 것이다. 단, 무릎에 무리가 갈 수 있으니 운동 시작 초기라면 적당히 조절해서 해야 한다.

복싱

기구를 쓰지 않고 맨주먹으로도 살을 어마어마하게 뺄 수 있다. 복싱은 1시간만 해도 727kcal의 열량이 소모된다. 주먹질이 쉬워 보인다면 '경기도 오산'이다. 복싱 선수들이 경기 중에 지친 모습을 보이는 게 괜히 그런 것이 아니다. 웬만한 체력이 아니라면 1분만 뛰어도 지칠 것이다.

태권도

대한민국을 대표하는 스포츠인 태권도는 1시간만 해도 937kcal의 열량이 소모된다. 어렸을 때부터 계속해왔다면 아마 여러분의 복근은 빨래판이 되었을지도 모른다. 하지만 지나간 시간을 후회해서 뭐 하나? 지금부터라도 시작해보길.

테니스

테니스 선수들을 실제로 본 적이 있는지 모르겠지만 대부분 마르고 팔과 어깨 근육이 매우 발달했다. 테니스를 치려면 이리저리 공을 쫓아 뛰고 라켓까지 휘둘러야 한다. 살이 안 빠질 수가 없다.

빙상 스케이트

얼음판 위를 돌아다니는 것도 칼로리가 많이 소모된다. 제대로 1시간만 하면 옷이 땀으로 젖을 정도다.

완전군장 메고 행군

뭐? 군대 생각나서 싫다고? 무거운 짐을 메고 걸어 다니는 것도 운동이 된다. 정말이다.

076 골프가 한때는 금지 스포츠였다고?

영국의 제임스 4세. 그는 할아버지가 치지 말라던 골프를 치기 위해 금지령을 내려놓고 골프 장비를 샀다. 이것이 내로남불?

골프는 한때 귀족 스포츠로 칭송받았고 현재 미국, 유럽, 우리나라에서 대중적인 스포츠로 사랑받고 있다. 요즘에는 스크린 골프까지 있어서 어딜 가나 즐길 수 있다. 게릴라의 상징인 체 게바라도 골프를 엄청나게 좋아했다고 하니 이념을 막론하고 '꿀잼'인가 보다. 특히 요즘 들어 젊은 층으로부터 많은 사랑을 받으면서 이제는 축구나 농구처럼 친숙한 스포츠가 되었다.

그런데 골프를 즐기는 사람들에게 골프 치지 말라고 한다면 어떻게 될까? 아마 매일같이 라운딩을 나가는 사람들은 화가 머리끝까지 나겠지? 그런데 역사에서 실제로 이런 일이 있었다.

골프는 영국 스코틀랜드(1년 중 반 정도는 우중충한 날씨를 자랑하는 지역)에서 시작되었다. 재미있게도 스코틀랜드에 남아 있는 골프와 관련된 첫 공식 문서 기록의 내용이 '골프 치지 말라.'였다. 1457년 스코틀랜드 왕 제임스 2세가 '잉글랜드와의 대립으로 나라가 위태로운데 사람들이 골프와 축구 때문에 군사 훈련을 소홀히 한다.'라는 이유로 골프를 치지 말라고 했던 것이다.

하지만 퍼팅과 스윙의 재미에 빠진 스코틀랜드 사람들은 왕명임에도 도저히 멈추지 않았다. 결국 화가 난 스코틀랜드 정부는 제임스 3세 재위 시절인 1470년과 제임스 4세 재위 시절인 1491년, 두 번이나 더 강한 골프 금지령을 내렸다. 이 금지령은 잉글랜드와 평화조약을 맺은 1502년에야 풀렸는데, 재미있는 것은 금지가 풀린 직후 금지령을 내렸던 제임스 4세도 골프 장비를 장만했다는 기록이 있다는 것이다. 그만큼 재미있었다는 거지. 이 정도면 '무야호' 수준 아닌가?

오늘날에도 골프는 많은 인기를 끄는 스포츠다. 이제 국내에서는 어느 정도 대중화되어 골프를 치는 사람이 많아졌다.

여성과 관련된 재미있는 골프 기록도 있다. 바로 '블러디 메리'라는 별명으로도 잘 알려진 메리 1세가 그 주인공이다. 그녀는 남편이 죽은 직후에 골프를 쳐 사람들에게 욕을 먹었다. 아무리 '프리'하고 왕족이라고 해도 남편이 죽은 후에 골프를 치러 가는 건 당시 사람들의 시선에도 정말 별로였나 보다. 결국 그녀는 사촌 언니인 엘리자베스 여왕에게 참수형을 당했다. 재미있는 건 인정하지만, 눈치 봐가면서 적당히 쳐야지.

CHAPTER 7

한번 빠지면 시간 가는 줄 모르는 그것!

게임·영화·음악

077 차 훔치는 걸 사람들이 좋아한다고? GTA

게임에서 해도 된다고 현실에서 차를 훔쳤다간 경찰서 간다.

영화 「아바타」는 첨단 기술로 만들어진 오락 영화답게 엄청난 흥행에 성공했다. 제임스 카메론이라는 유명 영화감독을 앞세워 지금까지 개봉한 영화 중 최고 수익을 올렸다.

그런데 이 영화보다 더 많은 돈을 벌어들인 게임이 있다. 바로 GTA 시리즈다. 가장 최근에 나온 'GTA 5'는 2020년 기준 2,000만 장이 팔려나갔고 그 수익은 「아바타」의 2배 이상이라고 한다.

GTA는 1997년 첫 시리즈가 등장한 이래로 지금까지 꾸준히 사랑받아오고 있다. 게임에서 사람들은 차나 헬기를 훔치고, 총을 쏴대며, 남의 물건을 훔치거나 은행을 터는 짓을 할 수 있다. 애초에 게임 제목인 GTA가 'Grand Theft Auto(차량 절도)'인 걸 생각해보면 아예 만든 사람이 작정하고 차를 훔치라고 만든 게임이 아닐까 싶다.

GTA가 성공할 수 있었던 이유 중 하나는 바로 '무한한 자유도'다. 게임 내에서 내가 하고 싶은 건 다 할 수 있다. 도로 한복판을 점거하고 수류탄을 던지거나 경찰서에 화염방사기를 들고 들어가 모두 다 불태워버릴 수도 있다. 아니면 내가 싫어하는 사람을 쓰러질 때까지 주먹으로 패주거나 평소에는 통상 잔고 때문에 사지 못했던 비싼 차를 타고 도심 속에서 레이싱을 할 수 있다. 보통 이런 자유도가 높은 게임을 '샌드박스 게임'이라고 부르는데, 어떤 제약도 받지 않고 플레이어가 하고 싶은 대로 할 수 있는 환경이 GTA의 최대 인기 요인이다. 현실에서는 해볼 수 없는 행동을 해도 절대로 문제될 것이 없으니까.

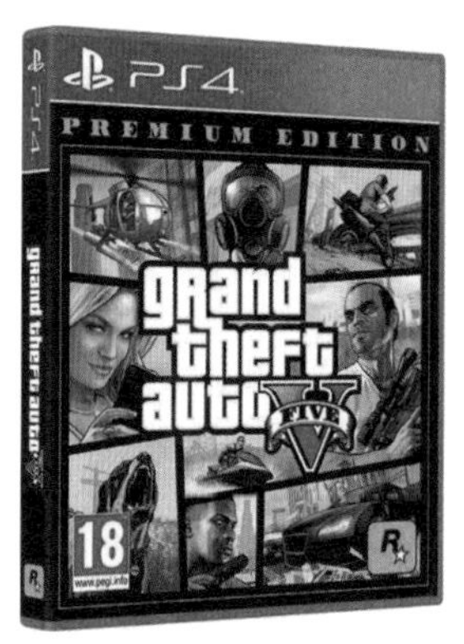

시리즈의 최신작인 GTA 5. 출시된 지 8년이 지났어도 여전히 사랑받고 있다.

하지만 이렇게 인기가 많은 게임인 GTA도 한 가지 문제 때문에 지속적으로 비난을 받는다. 바로 시리즈 전체를 관통하는 폭력성과 선정성이다. 남의 차를 아무 거리낌 없이 훔쳐 타고, 사람을 죽이거나 미사일을 쏘는 것이 애들 교육에 좋아 보이지는 않는다. 이런 반사회적인 폭력성 탓에 사람들의 지탄을 받았고, 한때 GTA 시리즈는 많은 나라에서 출시가 금지되었다. 미국의 대선 주자였던 힐러리 클린턴은 GTA를 예로 들면서 게임 산업을 적극 규제하자고 주장하기도 했다. GTA를 만든 록스타 게임즈는 'GTA 4'를 출시하면서 자유의 여신상 얼굴에 힐러리와 비슷한 얼굴을 넣는 방식으로 복수했다. 유머 감각 한번 끝내주네.

078 | 대한민국 민속놀이 스타크래프트가 등장하지 못할 뻔했다고?

스타크래프트 대회는 스포츠 이상의 인기를 끌었고, 현재의 e-스포츠가 자리 잡을 수 있는 포석이 되었다.

공기놀이, 닭싸움, 비석치기, 말타기 등을 보통 '민속놀이'라고 부른다. 그런데 요즘에는 민속놀이에 컴퓨터 게임도 추가된다는 것을 알고 있는가? 바로 1998년 미국의 블리자드에서 내놓은 스타크래프트다. 게임을 잘 몰라도 스타크래프트가 유명한 게임이라는 정도는 알 것이다. 먼 미래에 테란, 저그, 프로토스 3종족의 대결을 담은 이 게임은 전 세계에서 1,100만 장이 팔렸고 그중 한국에서만 450만 장이 팔려나갔다.

그런데 지금의 스타크래프트는 어쩌면 원래는 등장하지 않았을 수도 있었다. 무슨 소리냐고? 스타크래프트가 개발 중이던 당시에는 게임이 지금 우리가 알고 있는 것과는 매우 달랐다. 처음 알파 버전(성능이나 사용성을 평가하기 위한 개발 초기 버전)이 등장했을 때 이 게임에 온갖 비난이 쏟아졌다. 결국 블리자드는 처음부터 끝까지 전부 갈아엎고 다시 만들 수밖에 없었다.

자랑스럽게도 우리나라는 스타크래프트 강국이다. 임요환, 홍진호, 김택용, 이제동 같은 프로게이머들 덕분에 한국인이 세계 대회에서 우승을 휩쓸었다. 오죽하면 외국인들이 한국 사람 하면 스타크래프트를 떠올릴 정도라는 농담이 있을까?

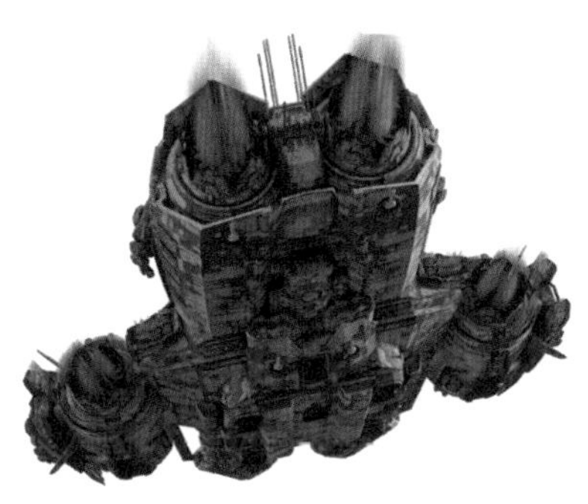

스타크래프트에서처럼 우주선을 타고 날아다닐 미래가 오긴 하는 걸까?

도대체 한국인은 왜 스타크래프트를 잘하는 걸까? 이는 '빨리빨리'를 좋아하는 한국인의 특성 때문이다. 스타크래프트를 해본 사람은 알겠지만, 진행 속도가 여타 게임에 비해 상당히 빠른 편이다. 어물쩍거리다가는 초반 러시를 당해 본진이 모두 쓸려버릴 수 있다. 이런 실시간 전략 게임인 스타크래프트의 특성과 빠른 것을 좋아하는 한국인의 성격이 맞물려 최고의 시너지를 내게 된 것이다. 이 성급한 성격 덕분에 다른 사람과 실력을 겨룰 수 있는 온라인 대전 서비스 배틀넷에서 한국인은 마음껏 자신의 실력을 펼쳤다.

2017년 블리자드는 한국에서의 인기를 실감하고 게임 플레이는 그대로 유지하면서 그래픽과 사운드 등을 손본 스타크래프트의 리마스터 버전을 공개한다. 당시 대한민국의 수많은 아재가 스타크래프트 리마스터의 등장에 열광했다. 나는 10년 전에 "사람들이 과연 스타를 언제까지 할까?"라고 친구에게 물어본 적이 있다. 10년이 지난 지금도 여전히 PC방에서도 많은 사람이 스타크래프트를 하는 모습을 보면서 또다시 궁금증이 든다. 과연 사람들은 스타를 언제까지 할까?

079 정작 테트리스를 만든 사람은 돈을 못 벌었다?

「심슨」, 「패밀리 가이」, 「오피스」, 「빅뱅이론」을 본 적 있나? 갑자기 뜬금없이 왜 미드랑 만화 이야기냐고? 지금부터 이야기할 '이것'이 애니메이션과 미드에 등장해서다. 바로 불곰, 푸틴 등과 함께 몇 안 되는 러시아의 자랑, 테트리스다. 의외로 테트리스가 러시아에서 탄생했다는 걸 모르는 사람이 많다.

냉전이 한창일 때 구소련의 프로그래머 알렉세이 파지트노프는 모스크바의 한 컴퓨터 센터에서 근무했다. 그는 늘 컴퓨터로 사람들을 행복하게 해주고 싶다는 바람이 있었고, 컴퓨터 게임으로 그것이 가능하다고 생각했다. 그래서 여러 퍼즐 게임을 만들었는데 그러다가 우연히 정사각형을 이어 붙여 도형을 만드는 퍼즐인 '펜토미노'를 게임으로 만들어보기로 했다. 이것이 테트리스다.

이후 테트리스는 '지구인의 게임'이 된다. 그런데 이 게임을 잘 살펴보면 만드는 회사도 다양하고 이식된 플랫폼도 다양하다는 걸 알 수 있다. 사실 이 게임의 뿌리를 쫓아가 보면 파지트노프가 만든 것이 아닌, 다른 사람들이 대충 베껴서 만든 것도 찾아볼 수 있다. 우리에게 익숙한 크렘린궁이 그려진 아타리의 테트리스나 세가 같은 유명한 회사에서 만든 테트리스도 따져보면 모두 불법이었다.

이 게임을 창조해낸 사람은 파지트노프였지만, 구소련 법에 따라

간단해 보이는 이 게임 덕분에 수많은 폐인이 양산되었다. 나도 테트리스하느라 밤샌 적이 하루 이틀이 아니다.

테트리스를 만든 알렉세이 파지트노프. 대히트를 친 게임을 만들어놓고도 번 돈은 푼돈에 불과했다. 이것이 공산주의의 힘인가?

그가 만든 테트리스의 저작권은 정부가 갖게 되었다. 저작권과 자본주의에 익숙하지 않았던 구소련 정부는 이상한 방식으로 협상을 해 너도 나도 테트리스의 원조라고 주장하게 되었다.

이런 이유로 테트리스를 만든 파지트노프는 1996년까지 무려 12년간 테트리스로 돈을 벌지 못했다. 그는 구소련 붕괴 후 미국으로 이민간 후에야 테트리스에 대한 권리를 주장할 수 있었다. 열심히 일하고 돈 못 받는 게 제일 짜증 나는데, 어떻게 참은 걸까?

080 머지않아 현실이 된다? 스타워즈 속 기술 7가지

할리우드 영화의 주인공들이 일본 무사처럼 칼을 휘두르고, 절에 있는 중처럼 참선을 통해 마음을 다스린다. 시대적 배경이 동양이냐고? 천만에. 바로 여러분도 잘 아는 「스타워즈」 이야기다. 공상과학 영화답게 온갖 멋진 기술이 쏟아져 나오는 그야말로 '미래 시대의 바이블'이라고 해도 무방한 이 영화는 지금까지 수많은 마니아를 양성하면서 엄청난 돈을 벌어들였다.

그런데 영화에 나오는 기술들이 현실에서 실존한다면 어떨까? 영화를 보면서 '저게 현실에 있으면 좋을 텐데'라고 생각했다면 주목하라. 어쩌면 가까운 미래에 우리는 영화가 아닌 현실에서 「스타워즈」에 등장한 기술들을 보게 될지도 모른다. 이런 사례를 보면 '영화가 현실의 방향을 정해주는 것이 아닐까?' 하는 생각까지 든다.

현실에서는 얼마 전 현대차에 인수된 보스턴 다이내믹스라는 회사가 이와 비슷한 로봇을 만든다.

AT-AT

제국군의 대표 로봇인 AT-AT. 아마 어정쩡하게 네 발로 걸으면서 입에서 레이저 건을 쏴대는 이 로봇을 기억할 것이다. 최근에 보스턴 다이내믹스라는 회사에서 만든 로봇은 이 AT-AT와 비슷한 형태로 움직이는데, 험준한 지형이라도 잘 헤쳐 나갈 수 있다고 한다. 크기는 작지만 기술은 있으니 머지않아 현실에 등장하게 될 것 같다.

랜드스피더

주인공 루크 스카이워커가 황량한 타투인에서 땅을 떠다니는 랜드스피더를 타고 다니는 장면이 나온다. 현실에는 이와 비슷한 '호버크래프트'라는 탈것이 이미 등장했다. 폭스바겐 같은 회사들도 공중부양하는 전기차를 만들 계획이라고 하니 기대해봐도 좋을 듯하다.

하이퍼드라이브

시공간의 제약을 받지 않고 빠르게 이동할 수 있는 하이퍼드라이브는 '밀레니엄 팔콘'에 탑재된 기술로 주인공들이 위기를 벗어날 수 있도록 도와준다. 현재 이 기술을 NASA에서 연구하고 있다고 하는데, 한번 믿어보자. 이 기술이 개발되면 영화처럼 머나먼 우주를 항해할 수 있지 않을까?

블래스터

한 솔로를 포함한 여러 주인공이 쓰는 이 총은 사실 레이저 광선이 아니라 에너지 입자를 덩어리로 발사하는 무기다. 뭔 차이냐고? 그냥 엄밀히 따지면 레이저 건이 아니라는 것만 알면 된다. 이미 미국 해군에서는 이와 유사한 레이저 건 무기를 도입해 사용하는 중이다. 맞으면 흔적도 없이 사라진다.

C3PO

다스베이더의 로봇 팔도 이제는 현실에서 등장할 예정이다.

「스타워즈」를 설명할 때 어리바리한 금색 로봇 C3PO를 빼놓으면 섭섭하겠지? 우주상에 존재하는 거의 모든 언어로 의사소통을 할 수 있는 이 로봇은 우주어 번역기라고 봐도 무방하다. 잠깐만, '번역기'라고? 이미 우리는 구글 번역기와 네이버 파파고를 잘 쓰고 있지 않나?

인공 손

아나킨 스카이워커도 팔이 잘렸고, 루크 스카이워커도 팔이 잘렸다. 둘은 영화에서 인공손을 장착했다. 최근 몇 년간 로봇과 소재공학 등이 급성장하면서 인공손 기술이 크게 발달했다. 머지않아 진짜 손처럼 의수를 사용하게 될 수 있다.

포스

「스타워즈」에서 '포스'는 정신력, 염동력, 텔레파시라는 단어와 같은 뜻이다. '마법' 같은 개념인데 현실에서 이에 대한 연구가 진행되고 있거나 이미 진행된 적이 있다. 비웃음을 살 수도 있겠지만 연구하는 사람들은 꽤 진지하다. 『2001 스페이스 오디세이』를 쓴 아서 클라크는 "고도로 발달한 기술이 마법과 다름없다."는 말을 남겼는데, 만약 포스가 현실이 된다면 이 말은 진짜가 될지도 모른다.

081 ‘최애캐’를 연기할 배우는? 영화가 된 게임 9개

요즘에는 콘텐츠의 경계가 없다. 한쪽에서 성공하면 다른 쪽에서 똑같은 게 또 등장한다. 게임이 영화가 되기도 하고, 소설이 게임이 되기도 하며, 만화가 영화가 되기도 한다. 그중에서도 유독 시도도, 성공 사례도 많은 게 게임이 영화나 드라마가 되는 것이다.

왜 게임을 자꾸 영화로 만드냐고? 그 게임을 좋아하는 ‘덕후’들이 봐줄 가능성이 높으니 어느 정도 수익은 보장되어 제작사들이 자꾸 욕심을 내는 것이다. 물론 원작 게임이 인기를 많이 끌었다고 해서 그에 걸맞은 작품성 있는 영화가 탄생하지는 않는다. 오히려 조금만 게임과 다르게 묘사되면 원작 캐릭터를 격하게 아끼는 게이머들이 온갖 비난을 퍼붓기도 한다.

다음 목록은 지금까지 게임 원작으로 만들어진 영화 중 가장 많은 수익을 올린 11개 작품이다. 얼마나 벌어들였는지 한번 볼까?

어쌔신 크리드 2016년 개봉 / 박스 오피스 수익 $240,004,424

말이 필요 없는 유비소프트의 잠입 액션 게임이다. 지금까지 10개가 넘는 게임 시리즈가 등장한 것만 봐도 얼마나 인기가 많은지 알 수 있다. 영화는 마이클 패스벤더와 마리옹 꼬띠아르가 주연을 맡았다. 영화의 작품성은 글쎄.

툼레이더 2018년 개봉 / 박스 오피스 수익 $274,650,803

2001년 개봉 / 박스 오피스 수익 $274,703,340

고고학자 라라 크로프트가 종횡무진하며 보물을 찾는다는 스토리의 게임이다. 원작 게임의 인기에 힘입어 2000년대 들어 두 번이나 영화로 만들어졌다. 한 번은 안젤리나 졸리가, 한 번은 알리시아 비칸데르가 주연을 맡았다. 나란히 9위와 8위를 차지한다. 둘 다 핫해서 사실 영화 내용은 별로 눈에 잘 안 들어온다.

레지던트 이블 4: 끝나지 않은 전쟁

2010년 개봉 / 박스 오피스 수익 $300,228,084

레지던트 이블: 파멸의 날

2016년 개봉 / 박스 오피스 수익 $312,257,250

바이오 하자드 혹은 레지던트 이블로 불리는 이 게임은 2명이 한 팀이 되어 좀비를 잡는 게임이다. 영화에서는 여전사 밀라 요보비치가

공전의 히트를 친 게임 「앵그리 버드」. 영화는 그냥저냥 볼 만했다.

게임 「툼레이더」의 코스프레를 한 여자. 지금은 뜸하지만 예전에는 툼레이더라는 게임이 상당히 인기가 높았다.

등장해 활약했는데, 지금까지 나온 6편의 시리즈에 모두 출연하면서 떼부자가 되었다.

슈퍼 소닉 2020년 개봉 / 박스 오피스 수익 $320,954,026

아마 연배가 좀 있는 사람이라면 데굴데굴 굴러다니면서 금화를 주워 먹는 바람돌이 소닉을 기억할 거다. 영화 「슈퍼 소닉」은 다른 의미로도 유명하다. 제작 중에 공개된 소닉의 모습이 팬들이 기대했던 모습과 전혀 다르게 '엉망진창'이었기 때문이다. 결국 제작사 파라마운트는 디자인을 전면 수정해 게임과 비슷하게 생긴 소닉을 만들 수밖에 없었다.

페르시아의 왕자: 시간의 모래
2010년 개봉 / 박스 오피스 수익 $336,365,676

아마 이 게임은 잘 모르는 사람도 많을 거다. 1989년에 애플 II 컴퓨터용으로 처음 개발되었으니까. 어쨌든 제이크 질렌할이 주연을 맡았고 나름 재밌는 오락 영화로 만들어져 흥행 수익 순위에서도 5위를 차지했다.

앵그리 버드 2016년 개봉 / 박스 오피스 수익 $352,333,929

'후잉' 하고 날아가는 새들이 스크린에 등장한다. 스마트폰 그리고 태블릿의 보급과 함께 어마어마한 인기를 끌었던 이 게임은 애니메이션으로 재탄생했는데 나름 성공했다.

램페이지 2018년 개봉 / 박스 오피스 수익 $428,028,233

드웨인 존슨과 알비노 고릴라가 나오는 「램페이지」의 원작이 게임이었다는 사실을 모르는 사람이 많다. 1986년 등장한 동명의 게임은 실험실 사고로 유전 변이가 일어난 고릴라와 늑대 그리고 공룡인지 도마뱀인지 정체 모를 존재 셋이 도시를 파괴한다는 내용이다. 영화에서는 나름 착하게 나왔던 걸로 기억하는데 게임에서는 괴물이었구먼.

명탐정 피카추 2019년 개봉 / 박스 오피스 수익 $433,005,346

수많은 '덕후'를 확보한 피카추가 영화로 등장했다. 영화로서의 가치는 별로 없어 보이지만 "삐까"를 외치는 귀여운 피카추 때문에 수많은 관객이 '씹덕사'를 당했다. 덕분에 전 세계 흥행 수익은 2위다.

워크래프트: 전쟁의 서막

2016년 개봉 / 박스 오피스 수익 $439,048,914

말이 필요 없는 블리자드의 대작 워크래프트가 영화로 만들어진다는 소식이 처음 알려졌을 때 많은 사람이 환호했다. 블리자드가 어디냐고? 디아블로랑 스타크래프트를 만든 회사다. 재미는 있었지만 내 돈 주고 보긴 아까운 영화였다.

082 죽기 전에 봐야 할 명작 영화 67선

공전의 히트를 기록한 「로마의 휴일」. 우리나라에서도 꽤 인기를 끌었다. 오드리 헵번의 우아함이 돋보이는 영화다.

본인이 '씨네필'이거나 영화를 정말 사랑한다고 생각하는가? 지금까지 몇 편의 영화를 보았나? '진짜'들은 하루(1주일이나 한 달이 아니다)에 2~3편씩 영화를 본다는데, 나는 이제 귀찮아서 그 정도로 영화를 보지는 못할 것 같다.

'죽기 전에 봐야 할 67편의 명작 영화'를 준비했다. 아주 오래된 영화도 있고, 사람들에게 유명한 영화도 있고, 영화사에서 중요한 위치를 차지하지만 '노잼'인 영화도 있다. 한번 봐두면 어디 가서 영화 좀 봤다고 자랑할 수 있을 수준의 영화들이다. 안타깝지만 가볍게 머리 식힐 만한 '병맛 영화'는 없으니 그런 영화를 보고 싶다면 넷플릭스에 '병맛'이라고 검색해보길.

노스페라투(1922), 시티 라이트(1931), 드라큘라(1931), M(1931), 모던 타임즈(1936), 바람과 함께 사라지다(1939), 오즈의 마법사(1939), 시

역시 오드리 헵번이 등장한 「티파니에서 아침을」. 이 정도 되면 내가 오드리 헵번을 좋아한다는 걸 눈치챘겠지?

민 케인(1941), 카사블랑카(1943), 라쇼몽(1950), 선셋 대로(1950), 아프리카의 여왕(1951), 욕망이라는 이름의 전차(1951), 사랑은 비를 타고(1952), 로마의 휴일(1953), 이창(1954), 7인의 사무라이(1954), 길(1954), 북북서로 진로를 돌려라(1959), 뜨거운 것이 좋아(1959), 400번의 구타(1959), 네 멋대로 해라(1960), 싸이코(1960), 달콤한 인생(1960), 태양은 가득히(1960), 앵무새 죽이기(1961), 웨스트 사이드 스토리(1961), 티파니에서 아침을(1961), 007 살인번호(1962), 아라비아의 로렌스(1962), 8과 1/2(1963), 우리에게 내일은 없다(1967), 2001 스페이스 오디세이(1968), 시계태엽 오렌지(1971), 대부(1972), 죠스(1975), 택시 드라이버(1976), 스타워즈(1977), 애니 홀(1977), 디어 헌터(1978), 지옥의 묵시록(1979), 양철북(1979), 샤이닝(1980), 블레이드 러너(1982), 스카페이스(1983), 아마데우스(1984), 아웃 오브 아프리카(1985), 해리가 샐리를 만났을 때(1989), 시네마 천국(1989), 좋은 친구들(1990), 양들의 침묵(1991), 쉰들러 리스트(1993), 펄프 픽션(1994), 중경삼림(1994), 포레스트 검프(1994), 아메리칸 뷰티(1999), 로얄 테넨바움(2001), 타짜(2006), 노인을 위한 나라는 없다(2007), 다크나이트(2008), 인셉션(2010), 버드맨(2014), 그랜드 부다페스트 호텔(2014), 컨택트(2016), 그린 북(2018), 기생충(2019), 젠틀맨(2019).

이걸 다 봤다고? 설마 당신은 '이동진'인가요?

083 무작위로 뽑아낸 음악에 대한 재미있는 사실 16가지

사실 1

뮤지션은 일반인보다 수명이 짧다. 실제로 1950년부터 2014년까지 활동했던 뮤지션들을 대상으로 한 연구로 밝혀진 결과다. 무려 25년이나 짧다.

사실 2

2016년에 모차르트가 아델, 드레이크, 비욘세를 이겼다. 죽은 사람이 어떻게 산 사람을, 그것도 세계적인 아티스트들을 이기냐고? CD 판매량에서 압도적인 차이로 이겼다. 그런데 아마 스트리밍에서는 모차르트가 못 이길 거다.

사실 3

합창하는 사람들은 스트레스받을 확률이 낮다. 여러 연구에서 합창할 경우, 스트레스를 받을 때 나오는 코르티솔 호르몬의 분비가 줄어드는 것을 확인했다. 화가 나면 화내지 말고 합창하러 가자.

사실 4

헤어지고 이별 노래를 들으면서 눈물 펑펑 쏟아봤던 사람들은 공감하지 못할 텐데, 어떤 사람들은 음악을 듣고도 아무 감정을 느끼지 못한다. 음식이나 사랑 같은 것에는 다른 사람과 똑같이 감정을 느끼지만, 유독 음악에만 반응하지 않는 사람이 있다. 왜 그런지 아직 이유는 발견하지 못했다.

사실 5

음악을 들으면서 운동하면 더 많은 힘을 낼 수 있다. 신나는 음악을 귀에 장착하고 운동하는 이유, 이제 알겠는가?

사실 6

세계에서 인구 대비 가장 많은 메탈 밴드가 있는 곳은 핀란드다. 인구 10만 명당 53.5개의 밴드가 있다고 하니 전국민이 헤드뱅잉 가능한 건가?

사실 7

우주에서 녹음된 소리로 앨범을 낸 사람이 있다. 2015년 캐나다의 우주비행사 크리스 해드필드는 144일 동안 국제우주정거장에서 시간을 보내면서 11곡을 만들었다. 창작의 고통은 상대적으로 좀 덜했겠지?

사실 8

영국 해군은 해적들을 쫓기 위해 브리트니 스피어스의 노래를 쓴다. 「Oops... I Did It Again」이나 「Baby One More Time」 같은 히트곡들이 해적 퇴치에 사용되는 이유가 뭘까? 소말리아 해적들이 서양 문화에 대해 반감이 심해서 틀기만 해도 도망가기 때문이다. 걔네 생각에는 '귀가 썩는' 느낌인가?

사실 9

음악은 우리가 세상을 인지하는 데에도 큰 영향을 미친다. 우리가 듣는 음악에 영향을 받아 세상을 바라보게 된다는 결과가 그로닝겐 대학교의 2011년 연구에서 나왔다. 우울한 노래보다는 밝은 노래를 듣자.

사실 10

비틀스 멤버 중 누구도 작곡이나 작사를 할 줄 몰랐다. 그럼에도 세계를 흔든 '브리티시 인베이젼'의 주인공이 되었다는 건 참 놀라운 사실이다. 폴 매카트니가 2018년 인터뷰에서 직접 밝힌 내용이다.

사실 11

메탈리카는 공연 때문에 2013년 기네스북에 등재된 적이 있다. 유명한 록 밴드 메탈리카는 지구상의 7개 대륙 모두에서 콘서트를 연 최초의 밴드다.

사실 12

「생일 축하합니다」 노래를 쓰려면 로열티를 내야 한다. 물론 우리가 사석에서 그냥 축하해주기 위해 부르는 것까지 돈을 낼 필요는 없다. 이 노래의 저작권을 가진 회사는 1년에 약 200만 달러, 하루에 약 5,000달러를 벌어들인다. 참고로 드라마나 영화에서 쓰려면 2만 5,000달러를 내야 한다.

생일 축하 노래 쓸 거면 돈 내고 써라.
단, 집에서 그냥 부르는 건 괜찮다.

식물은 음악을 들으면 더 빨리 자란다. 클래식을 틀어주면 더 좋다고 하니 모차르트나 베토벤을 들려주면 되겠다.

사실 13

노래 중에는 플레이타임이 639년이나 되는 노래도 있다. 2001년 9월에 연주가 시작된 이 노래는 여전히 독일의 한 교회에서 연주 중인데 이 노래가 끝나려면 2640년이 되어야 한다. 빨리 감기 안 되나?

사실 14

음악 듣기는 심장에도 좋고 뇌 발달에도 도움이 된다. 왜 음악이라는 게 수천 년간 이어져 왔는지 짐작이 간다.

사실 15

노래를 크게 틀어놓고 술을 마시면 평소보다 더 많이 마시게 된다. 2008년 프랑스에서 진행했던 연구에서 밝혀진 내용이다. 술집 사장님들 참고하자. 그러고 보니 장사가 잘되는 술집은 노래를 크게 튼 곳이 많았다.

사실 16

식물은 음악을 들으면 더 빨리 자라고, 소는 음악을 들으면 더 많은 우유를 만들어낸다. 식물 관련 연구는 국내의 국립농업과학원에서 진행했던 연구이고, 소 관련 연구는 2001년 영국의 레스터 대학교에서 진행했던 연구다.

084 넷플릭스 제공 콘텐츠는 나라마다 다르다?!

넷플릭스는 원래 미국에서 비디오 대여점으로 일을 시작했다. 스트리밍이나 비디오나 영화라는 공통점은 있으니 이해는 간다.

인정할 건 인정하자. 아무리 "우리 것이 좋은 것이오." 하고 신토불이를 외쳐도 OTT 시장에서 넷플릭스를 따라갈 만한 국내 사업자는 없다. 그나마 왓챠가 선방하고 있지만(왓챠는 '이 영화가 있다고?', '이 드라마가 있다고?'를 연발할 만큼 데이터베이스가 상당하다), 다른 사업자들은 고전을 면치 못하는 중이다. 하긴 2020년에만 콘텐츠에 20조 원가량 투자했고 2028년에는 30조 원가량 투자할 계획이라고 하니 그중에 하나 좋은 게 안 나올 리가 있겠어?

각설하고, 넷플릭스 덕분에 좋은 콘텐츠들이 생산되는 건 확실하다. 처음에는 드넓은 미국 땅에서 각자의 집으로 비디오를 보내주고 수거하던 일을 시작했던 그들이 콘텐츠 제국을 설립하리라고 상상이나 했을까? 그들이 아니었다면 「오징어 게임」, 「킹덤」, 「스위트홈」, 「종이의 집」, 「나르코스」 같은 명작 드라마가 생산되지 못했을 테니 우리는 그들에게 감사해야 한다.

전 세계를 대상으로 다양한 콘텐츠를 만들다 보니 영화, 드라마, 다큐멘터리 등 없는 게 없다. 취향에 따라 골라보면 된다. 오죽하면 너무 많아서 뭘 볼지 고르다가 결국 아무것도 못 보는 '넷플릭스 증후군'까지 생겨났을까?

넷플릭스에서 만드는 오리지널 콘텐츠들이 사람들을 끌어모으고 있다. 「오징어 게임」 안 본 사람 있다면 꼭 봐라. 진짜 재밌다.

그런데 우리나라에서 감상할 수 있는 넷플릭스의 영화와 드라마가 지극히 일부라는 걸 알고 있는가? 넷플릭스의 본고장인 미국과 비교해본다면 고작 10% 정도밖에 되지 않는다. 사람 눈물 쏙 빼는 아리고 아린 슬픈 영화부터 화끈한 19금까지 고르기만 하면 뭐든 보여주는 온라인판 시네마 천국에서 지극히 일부만을 봐야 하는 슬픈 현실이 아쉬울 뿐이다.

우리나라에서 제공되지 않는 동영상을 볼 수 있는 방법은 없냐고? 물론 있다. 인터넷 접속 지역을 한국이 아닌 다른 지역인 것처럼 만들어주는 VPN을 쓰면 된다. 많은 사람이 VPN은 막연하게 속도가 느리다고 생각하는데, VPN도 무작정 느린 것만은 아니다. 잘만 쓰면 속도 저하 없이 원활하게 많은 영화와 드라마들을 감상할 수 있다. 이제 침대에 누워서 감상만 하면 되는 건가?

085 영화에선 환상의 커플, 현실에선 환장의 커플?

주말 밤에 한 편의 영화로 가슴이 뭉클해지는 경험을 해보았나? 아름다운 커플의 로맨스를 보고 있자면 솔로라도 사랑해야 할 것 같은 애틋한 감정이 든다. 아니면 진한 우정을 나누는 친구들이나 환상의 궁합을 자랑하는 듀오는? 그들을 보고 있을 때도 알 수 없는 감동을 받는 건 마찬가지다.

그런데 그게 다 연기였다면? 물론 이런 연기를 하는 사람들이 실제로 친한 사이인 경우도 있지만 그렇지 않은 경우도 종종 있다. 카메라가 돌아갈 땐 세상 누구보다 사랑스럽고 친한 모습을 보여주지만 촬영이 끝남과 동시에 서로 말도 섞지 않는 어색한 관계도 있다. 그 정도까지는 아니라고 해도 그다지 사이가 좋지 않았던 커플도 있으니 한번 알아보자.

「노트북」의 라이언 고슬링과 레이첼 맥아담스

로맨스 영화의 정석이라고 불리는 이 영화에서 둘은 달달한 연기를 선보이며 사람들의 눈물 도둑이 되었다. 하지만 촬영 초반에는 트러블이 너무 많아서 서로 소리까지 질러가며 싸워댈 정도였다고 한다. 대본의 힘인지는 몰라도 영화 촬영하는 동안 정이 들면서 실제 연인으로 발전하기도 했다.

「블레이드 러너」의 해리슨 포드와 션 영

리들리 스콧 감독의 기념비적인 SF 영화 「블레이드 러너」에서 해리슨 포드는 릭 데커드로, 숀 영은 미모의 회장 비서로 등장한다. 영화 속에서 둘이 사랑을 확인하는 장면에서 엄청나세 싸워댔다고 한다.

'환상의 깡통 콤비' C3PO와 R2D2는 현실에서 사이가 그다지 좋지 않았다. 누가 봐도 결혼까지 한 사이처럼 보이는데.

「스타워즈」의 C3PO와 R2D2

영화에 등장하는 드로이드 이야기를 할 때 항상 세트로 묶어서 등장하는 게 바로 이 둘이다. C3PO 역할을 맡은 앤서니 대니얼스와 R2D2 역의 케니 베이커는 사이가 별로 좋지 않았다. 이는 앤서니가 사람들과 어울리는 걸 좋아하지 않아서였다고 한다.

「더티 댄싱」의 패트릭 스웨이지와 제니퍼 그레이

이 영화를 본 사람이라면 달려오는 여성을 번쩍 들어올리는 명장면을 기억할 것이다. 애초에 여주인공 제니퍼 그레이가 남자 주인공 패트릭 스웨이지의 캐스팅을 마음에 안 들어 했다고 한다.

「로미오와 줄리엣」의 레오나르도 디카프리오와 클레어 데인즈

디카프리오의 미소년 시절 미모를 감상할 수 있어 유명한 영화다. 서로 원수 집안이라 어쩔 수 없이 애틋한 방식으로 사랑을 쌓아가는 두 청춘의 이야기를 그린 작품이다. 영화 속 두 주인공은 서로 매우 사

아이언맨 로다주도 동료 배우와 사이가 좋지 않았다. 마블의 개국공신인 그가 더 좋은 대접을 받을 수밖에 없었던 건 당연한 이치인데.

랑하는 연인으로 보였지만 사실 영화를 찍을 땐 사이가 별로 좋지 않았다.

「아이언맨」의 로버트 다우니 주니어와 테렌스 하워드

마블의 개국공신 '로다주'도 동료 배우와 사이가 좋지 않았다. 「아이언맨」 1편에 등장했던 흑인 장교, 기억하는가? 영화 속에서는 절친이었지만 1편 성공 후 로다주의 출연료가 수직으로 상승한 반면 테렌스 하워드의 출연료는 낮아져 둘 사이에 불화가 일어났다고 한다. 결국 제임스 로드 중령 역할은 이후 돈 치들이 맡게 되었다.

「그레이의 50가지 그림자」의 다코타 존슨과 제이미 도넌

영화는 망작이었고 케미는 살벌했다. 묘하게 잘 어울리는 커플이었던 둘은 사실 카메라가 꺼지면 눈길도 안 줄 만큼 사이가 안 좋았다고 알려져 있다.

「투어리스트」의 조니 뎁과 안젤리나 졸리

소문에 따르면 안젤리나 졸리가 조니 뎁이 말 그대로 '더러워서' 못해 먹겠다고 이야기했다고 한다. 조니 뎁은 안젤리나 졸리가 '너무 이기적'이라며 맞받아쳤다.

「베이컨시」의 루크 윌슨과 케이트 베킨세일

둘은 극 중에서 이혼 위기에 처한 커플을 연기했는데 케이트 베킨세일이 촬영장에 자꾸 지각하는 바람에 루크 윌슨이 꽤 짜증을 냈다고 한다. 약속 시간에 늦지 말자.

「매드 맥스: 분노의 도로」의 톰 하디와 샤를리즈 테론

영화에서 둘은 사랑하는 사이는 아니었지만 그래도 어려움을 같이 헤쳐 나가는 역할을 맡았다. 그럼에도 별로 동료애는 없었던 듯하다.

086 | 온라인판 마피아게임 어몽 어스가 인기를 끄는 이유

너 임포스터지?

친구들 간의 우정 파괴에 딱 좋은 마피아 게임은 살면서 한 번쯤, 아니 수십 번은 즐겨도 좋을 만큼 긴장감 넘치고 재미있다. 누군가는 이 게임에서 이기기 위해 거짓 눈물을 짜내고, 화를 내며, 어이없는 척 연기를 한다.

한동안 큰 인기를 끌었던 '어몽 어스'는 마피아 게임이 새로운 스타일로 재창조된 것이다. 사람 성격까지 버리게 만드는 이 게임은 2018년에 처음 발매되었을 때 이름이 '스페이스 마피아'였다. 우주선에 탑승한 플레이어들은 크루메이트 혹은 임포스터 중 하나의 역할을 부여받는데, 크루메이트는 우주선이 계속해서 작동할 수 있도록 여러 작업을 하고 우주선을 망가뜨리는 임포스터를 찾아내 추방해야 한다. 규칙은 쉬워 보이지만 그 과정은 절대로 간단하지 않다. '프락치'를 색출해내는 과정은 언제나 힘들고 긴 여정이니까.

어몽 어스가 성공할 수 있었던 것은 바로 이미 오랜 기간에 거쳐 검증된 방식을 게임으로 옮겨왔기 때문이다. 어몽 어스가 모티브로 삼은 마피아 게임은 1986년 구소련의 모스크바 대학교 교수였던 디마 다비

재미로 마피아 게임하다가 친구랑 절교한 적 있나?
그만큼 마피아 게임은 중독성이 강하고 몰입도가 높다.
어몽 어스는 성공한 게임의 규칙을 디지털 세상에 그대로 옮겨놓았다.

도프가 처음 고안한 게임이다. 규칙은 간단하지만 이기기 위해서는 상대방의 심리를 잘 읽어내고 역이용해야 한다. 그래서 MT 가면 이 게임으로 날밤을 샐 만큼 재미가 보장된 것이다.

게임의 핵심은 거짓말이다. 내가 마피아가 아니라고 사람들이 믿게 해야 한다. 더 뻔뻔하고 더 포커페이스를 잘 유지하는 사람이 게임에서 승리한다. '킹리적 갓심'으로 나를 마피아로 지목하지만, 결국에는 내가 받은 의심이 풀리고 사람들이 내가 마피아인 것을 알아채지 못할 때의 쾌감은 말할 것도 없다. 어몽 어스도 마찬가지다.

우리는 현실에서 거짓말을 하지 말라고 강요받고, 정직하게 살라고 교육받는다. 사람들은 정해진 규칙 안에서, 그리고 남들에게 피해를 끼치지 않는 한에서의 작은 일탈을 즐기는 것이 아닐까? 어쨌든 나는 '임포'가 아니다.

087 장수 애니메이션 심슨의 성우는 얼마나 벌까?

「심슨네 가족들」의 대표 캐릭터 바트 심슨. 딱 봐도 악동처럼 생겼다.

2021년 10월 현재 33번째 시즌이 방영되고 있는 「심슨네 가족들」은 미국뿐만 아니라 전 세계적으로 사랑받는 장수 프로그램이다. 1989년에 시즌 1이 처음 방영된 이후로 지금까지 계속 그 이름을 유지해오고 있는 셈이다. 우리나라에서는 「전원일기」가 22년 정도 방영되었는데, 그보다 10년이나 더 오래 방영한 것이다. 호머와 마지가 사랑받는 동안 미국에서 200개 이상의 쇼가 등장했다 사라졌으며, 600개가 넘는 모든 에피소드를 정주행하려면 꼬박 1주일을 넘겨야 할 정도다. 아마 심슨 좋아하는 사람 중에서 심슨보다 나이 어린 사람도 있을 것이다(재미있는 건 32년 동안 방영되었지만 바트, 리사, 매기는 여전히 어린아이라는 것이다).

그런데 심슨도 디즈니 것이라는 걸 알고 있는가? 정확히는 「심슨네 가족들」을 제작하는 건 미국의 폭스 방송인데, 2017년에 이 회사를 디즈니에서 인수했다. 디즈니가 사들인 판권의 기한은 무려 2082년이다. 어린이들에게 꿈과 희망을 심어주는 디즈니에서 「심슨네 가족들」 같은 프로그램까지 만들다니 신기할 따름이다.

재미있는 것은 디즈니에 인수되기 전부터 「심슨네 가족들」은 이 사실을 예측하고 있었다는 것이다. 무슨 소리냐고? 종종 그들이 만화에서 다룬 내용들이 현실로 이루어지곤 한다(도널드 트럼프 대통령 당선, 에볼라 바이러스, 돌연변이 토마토 등). 1998년 방영된 에피소드에서 디즈니와 폭스 방송의 모기업인 20세기 폭스사의 합병을 묘사한 적이 있다. 이 정도면 '노스트라다무스' 뺨칠 정도다. 혹시 정말 미래에서 온 사람이 대본 쓰는 건 아니겠지?

호머 심슨 목소리를 맡은 댄 카스텔라네타.
한 회 나오는 데 3억을 챙겨간다.

어쨌거나 막강한 콘텐츠 생산자인 디즈니를 등에 업은 심슨 가족은 여전히 인기를 끌고 있다. 이 인기를 주도하는 건 맛깔 나는 목소리를 제공하는 심슨의 성우들이다. 전체 시즌에서 1/5 정도의 분량을 담당하며 가장 말을 많이 하는 호머 심슨의 목소리는 댄 카스텔라네타가, 바트 심슨 목소리는 낸시 카트라이트가 맡았다. 주인공들의 목소리를 한 번쯤 들어보았겠지? 쇼의 성공에 성우의 활약이 있다고 보았는지 그들이 받는 돈은 상상을 초월한다. 얼마나 버냐고? 한 회 출연만으로 30만 달러, 한화로 3억 원이 넘는 돈을 가져간다고 한다. 그러니까 호머 심슨은 한 시즌 끝나면 66억 원 정도(한 시즌당 평균 에피소드 개수는 22개다)를 버는 거다.

088 들으면 '아!' 하는 클래식 12곡

클래식을 들어보고는 싶은데 잘 몰라서 못 듣는다고? 어려워할 필요 없다. 그냥 틀어놓고 듣다 보면 언젠가는 '덕후'가 될 수 있을지도 모른다. 정신이 차분해지는 것은 물론이고 누가 들었을 때 '있어 보이는' 효과까지 있다. 클래식 음악을 들으면 행복감을 느끼게 해주는 도파민이 방출될 뿐만 아니라 학습 능력과 기억력이 향상된다는 이야기도 있다. 그러니까 아무 음악이나 틀어놓고 있으면 된다.

뭐? 그래도 추천을 받고 싶다고? 클래식을 접해보고 싶은 이들을 위해 15곡을 소개한다. 아마 재생해보면 '아, 이 곡!' 하게 될 것이다.

모차르트, 「작은 밤의 음악」

원래 이름은 「현을 위한 세레나데 G장조」다. 모차르트는 이 곡에 별명을 붙여주었는데 그의 사후에 아내 콘스탄틴이 세상에 내놓아 사랑받을 수 있었다.

베토벤, 「엘리제를 위하여」

트럭 후진할 때 많이 들어보았을 것이다. 그런데 도대체 '엘리제'는 누구일까? 사실 원래 제목에는 '엘리제'가 아니라 '테레제'가 들어갔어야 했을 수도 있다. 바로 베토벤이 사랑했던 귀부인 테레제 폰 드로스티

모차르트가 누구인지 모르는 사람도 있을까?
그의 음악은 집중해야 할 때 도움이 된다.

오페라의 디바 마리아 칼라스. 그녀가 부른
「하바네라」를 한번 들어보길.

말이다. 그녀를 위해 베토벤이 이 곡을 만들었다는 게 학계 정설이다.

베토벤, 「교향곡 5번 다단조」

「운명 교향곡」이라고도 불리는 이 곡은 수많은 영화, 드라마, CF에 활용되면서 우리에게 잘 알려져 있다. 심지어 팝송에도 샘플링되었다.

비발디, 「사계」

고급 화장실에 가면 흘러나오는 곡이다. 봄, 여름, 가을, 겨울을 테마로 만들어진 4개의 곡 중 우리에게 가장 잘 알려진 건 아마 봄 1악장이 아닐까. 다른 곡도 좋으니 한번 들어보길.

비제, 오페라 「카르멘」 중 「하바네라」

정식 명칭은 「사랑은 길들지 않은 새」다. 극 중 여주인공 카르멘이 군인 돈 호세를 유혹하기 위해 부르는 노래인데 이 노래가 '하바네라'

라는 이름을 갖게 된 데에는 이유가 있다. 원래 하바네라는 19세기 쿠바의 음악 중 한 종류를 지칭하는 말이었는데, 조르주 비제가 이 리듬을 가져와 노래를 만들어서 이런 이름이 붙여졌다고 한다.

요한 스트라우스 2세, 「아름답고 푸른 도나우 강」

영화 「2001 스페이스 오디세이」에 사용되면서 잘 알려진 왈츠곡이다. 곡의 완성도도 뛰어나고 선율도 아름다워 많은 사랑을 받는다.

드뷔시, 「달빛」

이 곡을 모른다면 영화 같은 건 별로 안 좋아하는 사람일 수 있다. 왜냐고? 영화에서 엄청나게 많이 나왔으니까. 내가 직접 본 영화만도 최소 10편은 넘는 것 같다.

프란체스코 사르토리와 루치오 콰란토토, 「그대와 함께 떠나리」

이 노래 어디서 나왔냐고? 「도전 골든벨」 끝날 때 나온다. 1995년 안드레아 보첼리가 한 축제에서 불러 유명해졌으며 덕분에 보첼리는 이 노래를 자신의 대표곡으로 만들 수 있었다.

로시니, 「윌리엄 텔 서곡」

경쾌한 이 곡도 어디선가 한 번쯤 들어봤을 거다. 주로 추격전 장면에서 많이 사용된다. 영화 「론 레인저」도 이 곡을 사운드트랙으로 사용했다.

모차르트, 오페라 「마술 피리」 중 「밤의 여왕의 아리아」

아 아아아아아아아아아아. 아 아아아아아아아아아아.~~~

바그너, 오페라 「니벨룽겐의 반지」 중 「발키리의 기행」

영화 「지옥의 묵시록」에서 미군 헬기와 함께 등장하는 웅장한 음악, 바로 독일식 오페라의 대가 리차드 바그너의 작품

중 하나다. 오페라를 보고 싶다고? 바그너의 오페라는 준비하는 데 시간이 많이 걸리고 어려워서 접할 기회가 많지 않다. 만약 볼 수 있다면 더할 나위 없는 행운이다.

베토벤, 「월광 소나타」

베토벤이 살아있을 때 발표되어 많은 사랑을 받았던 곡이다. 우울해지고 싶을 때 들으면 딱 좋다.

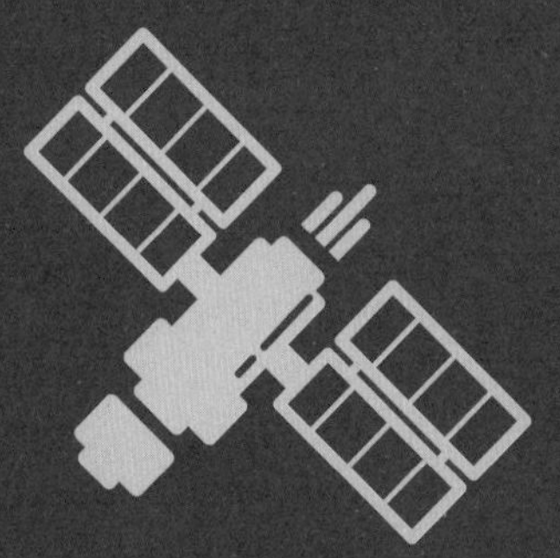

CHAPTER 8

이제 10년이면 강산 말고 세상이 바뀐다!

과학·기술

089 나를 너무 사랑하는 것도 정신병? 나르시시즘

나르키소스의 이야기로부터 수선화라는 꽃의 유래가 탄생했다. 꽃도 예쁘긴 예쁘네.

자기 얼굴이 너무 잘생겨서 혹은 예뻐서 거울에 빠져 사는 사람은 아마도 정신에 문제가 있는 것인지도 모른다. 왜 가만히 있는 사람을 정신병자 만드냐고? 지금부터 그리스 신화 이야기를 하나 들려줄 테니 잘 들어보자.

나르키소스는 매우 잘생긴 미소년이었다. 한 요정이 나르키소스의 외모에 반해 사랑을 고백하지만 나르키소스는 그녀를 매몰차게 거절한다. 이에 앙심을 품은 요정은 복수의 신 네메시스에게 복수를 빌고, 나르키소스는 네메시스의 저주 때문에 샘에 비친 자신의 모습에 반해 밥도 먹지 않고 자신의 얼굴만 바라보다가 결국 죽음을 맞이한다.

나르키소스처럼 자기 자신에게 빠져 어쩔 줄 몰라 하는 사람들을 '나르시시스트'라고 하며, 그들이 느끼는 감정을 '나르시시즘'이라고 한다. 한마디로 나르시시스트는 자기 자신을 너무나도 사랑하는 사람을 일컫는다. '왕자병' 혹은 '공주병'이라고 해야 하나?

그런데 이런 자기애가 선을 넘으면 인격장애로 발달하기도 한다. 이런 사람들은 자기의 능력, 외모, 재력, 집안에 대해 과대평가하며 명성, 지위, 돈, 권력을 지나치게 추구하고 자신을 비판하는 것을 받아들이지 못한다. 지극히 이기적이고 모든 것을 자기중심으로 생각해서 공감력이 낮고, 남을 착취하며 갈등과 오해를 빚어 사람들과 잘 지내지 못한다.

가면으로 가리고 있지만
나르시시스트는 삶을 파괴할 수도 있다.
자기애도 적당한 게 좋다.

미국정신의학회에서는 소시오패스와 나르시시스트를 비슷한 수준의 정신장애로 취급하며 요즘에는 사이코패스와 마키아벨리즘 그리고 나르시시즘을 '어둠의 3요소'라고 칭할 정도다. 참고로 많은 심리학자와 의사가, 정도가 심한 나르시시스트를 만나면 그 즉시 도망가라고 한다. 그 정도로 한번 만나면 우리의 정신이 피폐해진다는 주장이다. 모든 건 항상 정도껏 해야겠지?

090 우주에서 3D 프린터를 사용하는 법

우주로 가고 싶은가? 우주에는 온갖 것이 다 있다. 아직 우리는 우주를 전부 탐사하지 못했다. 여태껏 우주에 가본 사람은 지극히 소수다. 이제 슬슬 우주여행의 시대가 다가오고 있긴 하지만 여전히 보통 사람에게 우주여행은 먼 이야기다.

우주는 매우 위험하다. 언제 어떤 상황이 발생할지 전혀 예측할 수 없는 곳이 바로 우주다. 만약 우주정거장에 운석이 충돌해 고장 난다

이제 배트맨 피규어도 3D 프린터로 만들 수 있다. '덕후'들이여, 돈을 모아야 할 이유가 생겼다.

면? 우주비행사들이 먹고 써야 하는 각종 물품 조달은? 식수는 어떻게 공급받을까? 이를 해결하기 위해 지구상의 천재들이 모여 온갖 방법을 고안해낸다. 그늘이 직접 우주로 갈 수는 없고 우주비행사들을 올려보내야 하므로 문제 해결 방안을 확실히 마련해야 한다.

우주선이나 우주복의 부품이 파손되어 급히 고쳐야 할 때 필요한 것은 이제 고성능의 3D 프린터와 정교한 도면뿐이다.

과거에는 우주비행사들에게 필요한 물건을 로켓을 쏘아 직접 올려보냈다. 하지만 기술의 발달로 이제는 그럴 필요가 없어졌다. NASA가 최근 채택하고 있는 방식은 꽤 놀랍다. 3D 프린터 도안을 우주선으로 전송하면 우주비행사들이 직접 도구를 만들 수 있다. 물건을 실어 나르는 데 오랜 기간이 걸리던 과거와 비교하면 지금은 도안만 있으면 어디서든 단 몇 시간이면 필요한 도구를 만들어낼 수 있다.

지구에서도 3D 프린터로 많은 것을 만들 수 있다. 각종 무기부터 예술 작품, 기계 부품 심지어 음식까지! 못 만드는 게 없다. 이제 우주에서도 3D 프린터가 만들어주는 음식을 먹을 날이 얼마 남지 않았다. 단, 여러분의 남자친구나 여자친구 그리고 머리카락은 3D 프린터로 만들 수 없으니까 눈물부터 닦고 시작하자.

091 | 도박해서 패가망신하지 않는 비법은?

주사위는 오랫동안 도박 도구로 이용되었다. 무슨 숫자가 나올지 아무도 모르기 때문이다. 옛날이나 지금이나 집문서를 건 주사위 던지기는 어디선가 행해지고 있다.

안타깝지만 먼저 한마디 하고 넘어가야겠다. 영화 「타짜」에서처럼 도박으로 큰돈을 벌어들일 확률은 매우 낮다. 그러니 혹여 도박할 생각은 하지 마라. 평경장 말대로 '길에서 객사할지도' 모른다. 지금 도박 이야기를 하는 이유는 순전히 재미를 위해서다. 실제로 할 생각은 말고 재미로 보길 당부한다. 만약 이미 도박중독 때문에 고통받고 있고 상담이 필요하다면 당장 1336으로 전화를 걸자.

프로토든 바카라든 룰렛이든 도박을 하는 목적은 돈이다. 일확천금을 벌어들일 수 있다는 환상에 빠져 많은 사람이 도박을 시작한다. 하지만 큰 규모의 자본과 온갖 수단을 이용해 불철주야 우리의 주머니를 털어가는 '하우스' 때문에 돈을 따지 못한다.

그래도 항상 게임에서 돈을 따가는 사람들이 있다는 사실은 새삼 놀랍다. 직업을 도박사라고 해도 무방할 정도다. 그런데 이들은 아무렇게나 베팅하지 않는다. 내가 응원하는 팀, 마음 가는 팀에 돈을 걸지 않는다는 얘기다. 이들은 여러 베팅 방식을 채택해 베팅하는데 그중 가장 많이 사용되는 것이 바로 켈리 방정식이다.

가족들에게 안 들키려고 샤워기 틀어놓고 울기 싫다면 도박은 하지 않는 것이 좋다. 전문직도, 엄청난 부자도 도박 때문에 패가망신하기까지 하니.

도박 이야기하는데 갑자기 무슨 '방정식'이냐고? 1956년 미국의 수학자 존 리로이 켈리는 우연히 도박에 관심을 가지게 되었다. '도대체 도박할 때 얼마만큼의 자금을 투입해야 하는가?'를 궁금하게 여기다가 이에 관한 방정식을 도출해냈다. 이것이 흔히 '켈리의 공식'이라고 부르는 것이다.

켈리 방정식을 간단히 설명하자면 '믿는 만큼 베팅하기'다. 도박은 따지고 보면 확률 게임이다. 승리할 수 있다고 믿는 만큼 거는 것이다. 승리할 확률이 50% 이하라면 돈을 걸지 말고, 그 이상부터는 얼마나 이길 수 있을 것인지 확률을 계산해 이길 확률이 높을수록 높은 금액을 베팅하면 된다. 이미 공식은 준비되었다. 공식에 확률과 배당률을 대입해 나오는 수에 따라 베팅의 금액이 정해진다.

도박으로 큰돈을 잃을 수도 있지만, 큰돈을 만질 수도 있다. 하지만 확실한 것은 도박의 세계에서도 일확천금은 신기루 같은 존재다. 도박을 전업으로 삼는 도박사는 철저히 수학과 확률에 의존해 베팅하고 그걸로 돈을 번다. 적어도 켈리의 공식에 따라 돈을 건다면 돈을 한 번에 잃을 확률은 대폭 줄일 수 있다.

092 | 밤하늘을 수놓는 별 중 가장 큰 별은?

우주는 우리가 생각하는 것보다 무한하다. 아직 가보지 못한 곳, 알아내지 못한 곳도 많고, 다른 고등 생명체도 발견하지 못했다(공식적으로는). 조금이라도 우주에 대해 알아보고 싶다면 천체망원경을 사서 공해가 없는 맑은 곳에서 하늘을 관측하면 된다. 뭐? 시간도 돈도 없다고? 그럴 줄 알고 준비해봤다. '과연 우주에 있는 별들은 얼마나 클까?'에 대한 내용이다.

지금까지 관측된 별 중에서 가장 큰 것으로 알려진 것은 'UY Scuti'

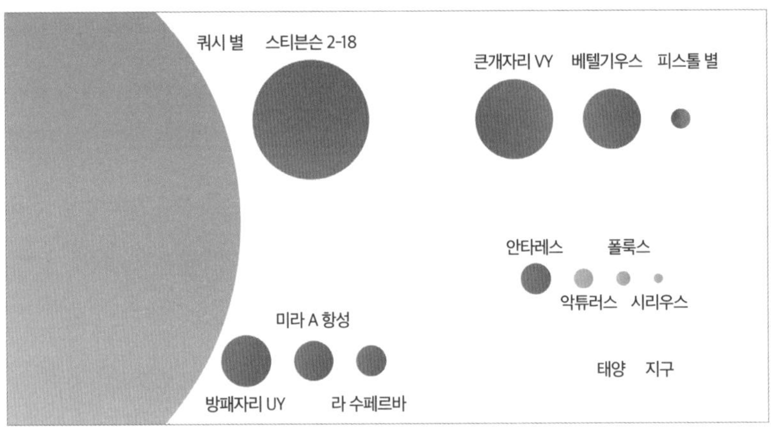

어차피 태양과 지구는 여러분의 눈으로 볼 수 없다. 보인다고? 거짓말하지 마라.

혹은 '방패자리 UY'라고 불리는 별이다. 독일의 천문학자들이 19세기에 최초로 발견한 이래로 꾸준한 관측을 통해 밝혀냈다. 당시 이 별을 발견했던 학자들은 'BD-12 5055'라는 이름을 붙여주었지만 요즘에는 'UY Scuti'라는 이름으로 더 많이 불린다. 지구로부터 9,000광년 떨어진 이 별은 은하수의 한가운데에 있다.

그렇다면 태양계의 중심 항성인 태양은 얼마나 큰 걸까? 안타깝지만 태양은 우주에서 차지하는 비중이 매우 작다. 우리에게는 엄청나게 큰 별로 보이지만 UY Scuti에 비하면 수백 분의 1에 불과하다. 단지 우리와 가까워서 커 보이는 것일 뿐이다.

자세한 설명은 생략하고 그림을 보면 얼마나 차이가 나는지 한눈에 짐작이 갈 거다. 태양과 지구가 안 보인다고? 기분 탓일 거다. 아니면 돋보기안경을 써보든가.

093 | 타이어는 왜 검은색일까?

타이어가 처음 등장한 이후로 검은색 타이어가 주류가 되어왔다. 사실 타이어가 다른 색이면 좀 이상해 보인다. 마치 팬티를 머리에 뒤집어쓴 느낌이랄까.

시대가 변하고 기술이 발전해도 변하지 않는 것이 하나 있다. 바로 검은색 타이어다. 자동차가 처음 발명되었을 시기부터 타이어는 거의 검은색이었다. 1770년 프랑스의 니콜라-조셉 퀴뇨가 처음 증기자동차를 만들었을 때도, 벤츠의 창립자 칼 벤츠가 최초의 내연기관 자동차를 만들었을 때도 타이어는 검은색이었다.

혹시 '타이어는 왜 다 검은색인가?'를 생각해본 적 있는가? 바야흐로 '대(大)개성시대'에 유독 타이어만 검은색일까? 이해가 가지 않는다. 노란색 자동차에 타이어는 남색이라면 더 예쁠 텐데, 도대체 왜 색깔이 들어간 타이어는 찾아보기 힘든 걸까?

타이어 제조사가 검은색 타이어만 만드는 데는 다 이유가 있다. 타이어가 검을수록 타이어의 강도가 좋아지기 때문이다. 타이어는 고무가 주원료이지만, 고무의 결점을 보완하기 위해 다양한 화학 물질이

이렇게 타이어에 색을 넣을 수는 있지만 마찰면은 보통은 검은색이다.

추가되는데, 이중 하나이자 꼭 필요한 물질이 바로 석유를 정제한 후 나오는 검은 분말 '카본 블랙'이다. 이 물질이 있으면 타이어는 내열성이나 강성이 매우 강해져 튼튼한 타이어가 된다. 검은색이 진할수록 더 튼튼해지는 것이다.

물론 색깔이 들어간 타이어를 만들 수는 있다. 오토바이에 장착되는 타이어 중에는 '백테 타이어'라고 해서 일부분에 하얀색이 들어가기도 한다(하지만 이 타이어도 바닥과 닿는 마찰면은 검은색이다). 색깔이 들어간 타이어는 검은색 타이어보다 수명이 짧다. 검은색 타이어와 수명이 똑같아지려면 여러 공정을 거쳐야 해서 그만큼 타이어 가격이 올라간다. 그러니 굳이 타이어에 색을 넣을 필요가 없는 것이다.

094 서울에 핵폭탄이 떨어진다면?

일본에 떨어졌던 핵폭탄의 버섯구름. 먹는 버섯과는 차원이 다른 맛이다. 먹다가 진짜 죽는 맛.

지구 역사상 가장 강력한 무기는 핵폭탄이 아닐까? 제2차 세계대전을 끝내기 위해 탄생한 핵폭탄은 전쟁이 끝났음에도 사라지지 않고 냉전 시대를 거치며 살아남았다. 얼마나 위력이 세냐고? 아마 HBO의 드라마 「체르노빌」을 봤거나 지금까지 일어난 각종 원전 사고가 어떻게 인간을 '녹여 버렸는지' 안다면 방사능을 무서워하게 될 것이다. 그만큼 핵폭탄은 무서운 존재다.

핵무기는 냉전 시대에 본격적으로 개발되었다. 제2차 세계대전이 끝난 이후 미국과 구소련이 경쟁하면서 핵무기의 수는 걷잡을 수 없이 늘어났다. 미국과 구소련의 뒤를 이어 프랑스와 영국도 핵 개발에 나섰고 중국도 구소련의 핵우산을 거부하고 자체적으로 핵을 개발해 결국 5개 국이 핵을 보유하게 되었다.

그래서 현재는 '강대국'이라고 불리는 유엔 상임이사국인 미국, 구소련, 영국, 프랑스, 중국만 공식적으로 핵 보유를 인정받는다. 다른 나라들은 '핵확산금지조약'에 의해 핵폭탄을 갖지 못한다. 힘센 놈만 갖고, 다른 애들은 왜 못 만들게 하냐고? 더럽고 치사하다고? 이 바닥이 원래 그렇다. 국제정치 세계에서는 힘센 놈의 목소리가 크다.

핵폭탄이 떨어지면 이런 방호복을 입어야 한다. 그래야 방사능으로부터 몸을 보호할 수 있다.

물론 그렇다고 해서 핵폭탄을 못 만드는 건 아니다. 북한이나 이란, 이스라엘 같은 곳은 힘센 놈들 허락 없이 핵폭탄을 만들었다. 특히 북한은 툭하면 남한에 핵 쏘겠다면서 위협하기까지 한다.

그러면 북한이 가진 핵폭탄이 대한민국에 떨어지면 어떻게 될까? 핵무기의 파괴력 표시 단위는 kt다. 1kt는 TNT 폭탄 1,000톤을 터뜨리는 것과 같은 위력이다. 수류탄 1발에 약 180g의 TNT가 들어 있으니 수류탄 수천 개, 수만 개가 동시에 터지는 것과 같은 위력이다.

만약 북한이 서울에 20kt의 위력을 가진 핵폭탄을 쏴서 서울 도심 상공 100m에서 터뜨린다면 피해는 막심하다. 폭발 반경 1km 이내는 흔적도 없이 사라지며 반경 32km 지역까지 모두 장기적으로 방사능 피해를 받는다. 폭탄이 터져 사람이 죽는 것뿐만 아니라 전기, 수도 등 각종 인프라가 파괴되고 음식물이 오염되는 것까지 생각하면 사람이 살 수 없는 환경이 되는 것이다. 국방부는 이 경우 최대 300만 명의 사상자가 날 수 있다고 예측했다. 북한이 핵폭탄 안 쏘길 바라야겠다.

095 미친놈들 발명 시대! 이상한 발명품

엉뚱함은 창조의 어머니다. 이상한 생각을 많이 해야 사람들이 보다 편하게 살 수 있는 것들이 등장한다. 현실에서 뭐가 불편한지를 파악한 사람들이 그것을 해결하기 위해 많은 발명품을 생각해냈다. 당시에는 좀 이상해 보였는데 시간이 지나고 보니 희대의 발명품이었던 경우가 종종 있다. 하지만 지금부터 소개할 것들은 이상해도 너무 이상한 발명품들이다. 이 내용을 읽으면서 '이걸 쓰는 사람이 있을까?'라고 의구심이 드는 건 당연한 일이다.

Fliz 자전거

자전거인데 안장과 페달이 없다. 자전거를 어떻게 움직이냐고? 위까지 올라온 자전거 프레임에 몸을 고정하고 걷거나 뛰면 된다. 이럴 거면 그냥 걸어 다니는 게 낫지 않나?

노즈 스타일러스 펜

손으로 펜을 쥐고 스마트폰을 터치하기 귀찮은 사람들을 위해 준비했다. 이름에서 대충 힌트를 얻었을 것이다. 마스크처럼 코에 펜을 고정하고 스마트폰을 눌러주면 된다. 창피함은 누구 몫이냐고? 내 몫은 아닌 것 같다.

금속 탐지기 샌들

해변을 걷다가 혹시라도 보물을 찾게 되지 않을까 기대하는 사람들을 위해 준비했다. 신고 있으면 부자가 될지도 모르는 신발이다. 대신 전자발찌처럼 생긴 배터리를 차고 다녀야 하니 불시에 체포될 것은 각오하자.

내시경 셀카 스틱

내시경 하러 병원 가기 귀찮을 때 이 카메라가 달린 스틱을 사서 스마트폰에 연결한 후 여러분의 엉덩이에 있는 소중한 그곳에 이 스틱을 꽂으면…. 그만 알아보자.

진동이 오는 청바지

혹시라도 소리를 못 듣거나 진동을 잘 느끼지 못하는 사람이라면

저 벨트에 가랑이를 끼우고 열심히 발로 달리면 자전거가 굴러간다. 이게 자전거냐?

스마트폰에 진동이 울릴 때 같이 진동이 울리는 청바지를 사자. 다른 용도로도 쓸 수 있을지 누가 아나?

베이비 몹

영어가 유창한 사람이라면 이게 대충 뭔지 눈치챘을 것이다. 아기 옷의 팔 부분에 걸레를 달아두어 아이가 기어 다닐 때 바닥을 청소할 수 있게 한다. 어린 시절부터 자녀에게 노동의 참맛을 알려주고 싶다면 사도 좋다.

햄스터 분쇄기

햄스터를 갈아버린다는 게 아니다. 햄스터가 쳇바퀴를 돌 때 종이를 넣으면 이 작고 귀여운 동물의 힘을 빌려 종이를 분쇄한다는 거다. 생각보다 아이디어 좋은데?

음파 수류탄

한국 돈으로 16,000원 정도인 이 수류탄은 터졌을 때 엄청나게 시끄러운 소리를 낸다. 학교나 회사에서는 압수다.

스마트폰 디퓨저

스마트폰에 디퓨저를 꽂아 향을 분사할 수 있다. 좋은 디퓨저 많이 파니까 그냥 그걸 사자.

폰 홀더 컵

스마트폰에서 물을 마시는 순간에도 눈을 뗄 수 없다면 이 제품을 사보자. 컵과 빨대 위에 스마트폰을 고정할 수 있다. 근데 그 정도로 볼 거면 눈 건강은 무시해야겠다.

베이컨 맛 립밤, 진짜로 있다니까?

스마트 우산

이 우산은 똑똑하게도 사용자에게 비가 언제 올지를 알려준다. 그런데 스마트폰이 있는데 굳이 이걸 들고 다닐 이유가 있을까?

방귀 냄새를 걸러주는 속옷

이거 살 시간에 속에 좋은 음식을 먹거나 화장실에 가는 게 낫겠다.

풍성한 털이 달린 스타킹

여리여리한 여성이라도 이 스타킹을 신으면 남성미 넘치는 사람이 된다. 영화 「혹성탈출」의 시저나 「킹콩」의 주인공을 연기하고 싶다면 구매해도 좋다.

누워서 TV를 볼 수 있게 해주는 안경

TV 프로그램에도 등장하여 화제가 되었던 안경이다. 편하다고는 하는데 그냥 누워서 스마트폰을 보는 게 낫지 않을까?

베이컨 맛 립밤

이 제품은 국내에서는 구할 수 없고, 해외에서 직구가 가능하다. 사본 후에 후기 남기겠다.

096 스마트폰의 수명은 어느 정도일까?

당신은 스마트폰을 얼마나 쓰면 오래 썼다고 생각하는가? 보통은 2년 약정이라 그 정도 쓰고 바꾸고, 길면 4~5년을 쓰기도 한다. 그런데 누구도 스마트폰을 얼마나 쓸 수 있는지는 정확히 모른다.

스마트폰 수명은 배터리 수명과 연관성이 크다. 스마트폰에 들어가는 리튬이온 배터리는 무게가 가볍고 용량이 커서 스마트폰을 포함한 다양한 전자기기에 쓰이는데 수명이 정해져 있다. 리튬이온 배터리의 수명이 다하면 스마트폰도 생을 마감하게 되는 것이다. 리튬이온 배터리의 수명은 스마트폰을 쓰는 방식에 따라 짧게는 1년, 길게는 3년까지라고 한다.

그렇다면 스마트폰의 수명을 어떻게 하면 늘릴 수 있을까? 스마트폰 배터리를 잘 관리하면 된다. 리튬이온 배터리는 사람의 몸과 같다. 푹 쉬면 좋아진다. 충전 시간이 길면 배터리 수명이 줄어든다고 알고

아이폰에도 역시 리튬이온 배터리가 들어간다.

충전할 거면 스마트폰, 스마트워치, 무선 이어폰 등은
100%까지 완충해주고 2시간 정도 더 해주는 게 좋다.

있지만 사실 이는 잘못된 상식이다. 오래 충전할수록 배터리의 수명은 늘어난다.

스마트폰 배터리 잔량 게이지가 100%까지 꽉 찼다고 해서 실제로 배터리가 100% 충전된 것은 아니다. 실제로는 1~2시간은 더 충전해야 '완충'이 된다. 이렇게 충전하면 스마트폰을 오래 쓸 수 있다. 이는 리튬이온의 특성 때문에 그렇다. 스마트폰에 표시되는 배터리 잔량은 스마트폰에 충전되는 전압을 측정해 표시해주는 수치일 뿐이다. 이 수치상 100%에 도달했더라도 배터리 내부의 수많은 리튬이온에 전압이 도달하기까지는 시간이 필요해서 100% 표시가 100%가 아닌 거다. 그래서 전문가들은 100% 충전이 완료된 후에 2시간 정도 더 충전하라고 권한다.

097 일상용품 중에 NASA가 만든 발명품이 있다고?

라면도 NASA 덕분에 먹을 수 있다.

미국항공우주국 NASA는 우주와 관련된 프로젝트를 진행하는 대표 주자다. 1958년부터 지금까지 끝없는 어둠 속에서 헤매는 인류의 등불이 되고 있다. 그런데 이 NASA가 뭐 때문에 탄생했는지 아는가? 바로 냉전 때문이다. 전쟁은 지구에서 하는데 왜 우주 탐사를 했을까?

제2차 세계대전 이후 냉전 시대에 취임하게 된 아이젠하워 대통령은 인류 최초의 인공위성인 구소련의 스푸트니크 1호 발사에 위기의식을 느껴 NASA를 만들었다. 우주선이랑 군비 경쟁이랑 무슨 상관이냐고? 우주에서도 전쟁하기 위해 그런 거냐고? 우주로 나아갈 수 있는, 더 먼 거리를 나아갈 수 있는 로켓을 쏘아 올린다면 지구상 어디에나 원하는 타이밍에 폭탄을 떨어트릴 수 있게 되니까.

이렇게 탄생한 NASA는 냉전 시대의 산물이긴 하지만 지금까지 해온 연구와 프로젝트로 인류에 기여한 바가 매우 크다. 우주로 사람을 보내기 위해 개발된 여러 기술이 일상생활에서도 널리 쓰이고 있으니까 말이다. NASA가 우주 탐사를 위해 개발한 기술이 상업적으로 전환

기술을 연구하는 NASA의 과학자들. 이 사람들도 뭐 하나쯤은 만들었겠지?

되어 일상생활에서 널리 쓰이는 것을 '스핀오프'라고 부르는데 이 스핀오프를 통해 지금까지 1,800여 건의 상품이 출시되었다.

뭐가 있냐고? 한번 적어볼까? 스마트폰 카메라, 메모리폼 베개, 인스턴트 라면을 제조하는 냉동 건조기술, 화재경보기, 검은 타이어, 의족, 단열재, 정수기, 의료영상 기기, 적외선 귀온도계, 신발 안창, 스크래치 방지 렌즈 등등. 대박 나서 널리 쓰이는 것만 이 정도이고 실제로는 더 많다. NASA의 기술 덕분에 오늘날 우리가 조금 더 편하게 살고 있다는 것을 부정하지 못할 거다. NASA는 현재도 이런 기술들을 해마다 대략 2,000개씩 민간에 이전해 기업들이 사용할 수 있도록 하고 있으며, 매년 『스핀오프』라는 책자를 출간해 자신들이 개발한 기술을 알리고 있다.

098 지구상에서 영원히 사라진 질병은 뭐가 있나?

모나리자도 마스크를 쓰고 있다.
이게 다 중국 때문이다.

최근 1인 가구가 급격하게 증가했음을 다들 알 거다. 그에 따라서 주거 환경부터 식문화, 즐길거리 등 모든 것이 변했지만 한 가지 변하지 않는 사실이 있다. 바로 아프면 서럽다는 사실이다. 혼자 있을 때 아프면 누가 도와줄 수도 없고 그냥 끙끙 앓으면서 서러움의 눈물을 흘리게 마련이다.

이렇게 우리가 닭똥 같은 눈물을 흘리며 낑낑대는 이유는 바로 '질병' 때문이다. 지구상에 존재한 이래로 인간은 안 아팠던 적이 없었다. 의학이 발달하지 않았던 시기에는 그냥 앓다가 죽어야 했지만, 요즘에는 병원도 많고 약도 좋아져서 잘만 쉬면 금방 낫는 경우가 대부분이다.

질병이 바이러스, 세균, 박테리아에 의해 감염된다는 것을 생각해보면 인류의 역사에서 질병이 빠질 수 없는 존재라는 건 당연한 일이다. 인간이 그것들을 발견하기 전에도 이미 그들은 존재했으니까. 흑사병, 감기, 스페인 독감, 에이즈, 매독, 임질, 코로나, 수두 등 시대에 따라서 병을 일으키는 미생물들의 변이에 따라 새로운 질병은 계속 생겨났고 질병의 개수는 점차 늘어왔다. 지금까지 밝혀진 질병의 종류는 약 3만 개이다. 우리는 아직 완전히 그것들을 정복하지 못했다. 그러니까 맨날 골골대면서 병원에 가는 것이다.

우리는 지구상에 존재하는 질병들을 완전히 정복하지 못했다. 그러니까 우리가 허구한 날 아픈 거다. 인간은 얼마나 나약한 존재인가.

그런데 지구상에서 완전히 사라진 질병도 있다는 사실을 알고 있는가? 지금까지 지구상에 존재했던 질병 중 사라진 것은 딱 2가지다. 1977년 10월 마지막 발병 사례가 보고되었던 천연두와 2001년 마지막 사례가 보고된 '우역(바이러스에 의해 발병하는 소의 전염병)'이다. 다른 질병들은 언제 없어지려나? '안 아픈' 세상에서 살아보고 싶다.

099 국제우주정거장에서 싸웠을 때 어느 나라 법을 적용해야 할까?

이 옷 입고 주먹질한다면
하나도 안 아플 것임이 분명하다.

지구 주위를 떠다니는 국제우주정거장 ISS의 탄생으로 인간은 우주 미스터리를 조금이나마 해결해나가고 있다. 그런데 이 우주정거장은 한 국가가 만든 것이 아니다. 미국을 중심으로 러시아, 캐나다, 일본 등 16개국이 협력해 국제우주정거장을 건설했다. 백지장도 맞들면 낫다고 혼자 만들기에는 부담될 정도로 돈이 많이 드니 여기저기서 돈을 끌어모아 만든 것이다. 그러다 보니 우주정거장에 상주하는 우주비행사도 출신 국가가 다르다. 우리나라에서도 우주인 이소연 씨를 보냈던 것을 다들 기억할 것이다.

그런데 우주인도 사람이니만큼 싸움을 안 할 리 없다. 좁은 공간에서 같이 살면 스트레스가 가중될 만도 하다. 우주정거장보다 몇만 배는 넓은 지구 땅덩어리에서도 사람들이 치고받고 싸우지 않는가. 여기서 한 가지 의문점이 든다. 과연 우주비행사들끼리 멱살 잡고 싸웠을 때 어느 나라 법을 적용해야 할까? 우주에서 범죄를 저지르면 어떻게 되는 걸까? 우주에서만 적용되는 '우주나라' 법이 따로 있기라도 한 걸까?

이 좁은 공간에서 주먹질을 잘못하면 생명이 위협받을 수도 있다. 우주선 내부의 부품은 모두 정밀하게 설계되어 있어 작은 충격에도 우주선의 운행이 위험해질 수 있다.

'우주인의 국적에 따라 처벌받는다.'가 정답이다. 1967년 유엔에서 우주협약과 함께 생긴 국제우주법에 따르면 우주 공간상 우주인의 범죄행위는 우주인이 소속된 자국법에 따라 처벌되도록 한다. 우주 공간 내 직원이나 재물, 기기 등은 모두 국내법의 적용을 받는다. 쉽게 말하면 우리나라 사람이 우주로 가서 사기를 치면 우리나라 법을 적용받아 국내에서 처벌받는 것과 똑같은 처벌을 받는 것이다.

이렇게 따진다면 영화 속 주인공들이 어떤 벌을 받아야 할지도 대충 그림이 나오겠지? 「가디언즈 오브 갤럭시」의 스타로드는? 영화 속 설정상 미국 미주리주에서 태어난 것으로 되어 있으니 미국법을 적용해 처벌해야 한다. 때려 부수고 탈옥하는 것도 모자라 비싼 물건까지 훔쳤으니까…. 미국법을 잘 안다면 한번 계산해보길 바란다. 「승리호」의 주인공 태호가 저지른 범법행위도 우리나라 법을 적용했을 때 꽤 큰 처벌을 받게 될 것 같다. 법을 잘 아는 사람이라면 영화를 보면서 어떤 처벌을 받게 될지 한번 확인해보길.

100 | 미국 아마존은 택배를 이렇게 보냅니다

이제 앞으로 우리나라에서도 이렇게 바퀴 6개 달린 로봇을 볼 수 있다. 2021년 현재, 배달의민족에서 시범 운영 중이다.

세계 최강 국가인 미국은 땅덩어리가 어메이징하게 넓어서 차로 1시간씩 나가야 쇼핑몰이 있다. 그러니 우리가 버선발로 뛰어나가 맞는 택배도 평균적으로 우리나라보다 늦게 도착할 수밖에 없다. 그 넓은 공간을 돌아다니려면 택배 기사도 죽을 고생을 하겠지. 그러다 보면 보내는 물건을 막 집어던져 망가뜨리거나 잘못된 주소로 배송하는 실수를 저지를지도 모른다.

그런데 미국인은 조만간 이런 문제를 모두 해결하지 않을까 싶다. 바로 유통 기업 아마존 때문이다. 서점으로 처음 시작한 회사가 도대체 택배랑 무슨 상관이냐고? 아마존이 자율주행 로봇을 활용한 배송 서비스를 시작했다. 바퀴 6개 달린 아이스박스 모양의 작은 상자에는 택배가 들어 있는데, '스카우트'라고 불리는 이 친구는 2019년부터 실제 상품 배달을 시작했다. 그런데 이 친구는 바퀴가 달려 있어서 계단이 있는 곳은 올라가지 못한다는 단점이 있다.

그래서 아마존에서는 또 다른 해결책을 준비했다. 바로 공간의 제약을 받지 않는 드론 택배다. 이름도 거창한 '프라임 에어'다. 하늘을 나는 이 친구는 2021년 10월 기준 아직 상용화되지는 못했지만 이미 운용 허가를 받아두었다. 아무리 늦어도 5년 내에는 하늘을 날아다니는 택배 배달부가 등장하게 될 예정이다. 만약 이 드론 배송이 실현되면 아마존은 당일 배송이 아니라 '30분 배송'도 가능하다고 호언장담하고 있다.

저러다가 물건이 사람 머리 위에 떨어지면 어떻게 하지?

물건이나 잘 팔면 되지 아마존은 왜 이렇게 배송에 신경을 쓰는 걸까? 배송이 빠르면 사람들이 아마존을 더 많이 이용할 것이기 때문이다. 국내에서도 최근 쿠팡이 온라인 유통을 독점하고 있다시피 한데, 사람들이 쿠팡을 이용하는 이유가 '로켓 배송', '로켓프레시 배송' 같은 서비스로 물건을 빠르게 받아볼 수 있기 때문이다.

자신이 원하는 시간에 원하는 물품을 배송받을 수 있다는 게 얼마나 꿈같은 일인지는 택배를 기다려본 사람이라면 잘 알 것이다. 물론 모든 일이 계획처럼 흘러갈 수는 없겠지만, 그래도 아마존이 가져다줄 미래가 택배 많이 시키는 사람들에게는 얼마나 황금빛일지 감이 안 잡힐 정도다.

101 | 진짜로 관상은 과학일까?

"형상이 비록 나쁘다 해도 마음과 행동만 훌륭하면 군자가 될 수 있다."

-순자(고대 중국의 유가 사상가), **『순자』** 제5편 중

관상은 과학이라는 말을 들어보았나? 못 들어봤다고? 그럼 "내가 왕이 될 상인가?"라는 영화 「관상」의 대사는 들어봤겠지? "나이 40이면 자신의 얼굴에 책임을 져야 한다."라는 링컨 대통령의 말은 들어보았나? 얼굴에는 우리의 마음이 나타난다는 말을 믿는 사람이 꽤 많은 것을 보면 아주 신빙성 없는 이야기는 아닌 것 같다. 동서양을 막론하고 아주 오래전부터 관상이 하나의 학문으로 연구되었던 것을 보면 옛날 사람들도 얼굴에 서린 기운이 중요하다고 생각했던 것은 마찬가지였나 보다.

퀴즈를 하나 내보겠다.
이 사람은 범죄자일까, 아닐까?

때로는 말보다 다른 것이 더 많은 것을 드러내준다. 어느 정도 나이가 들면 얼굴에 그 사람이 살아온 삶이 그대로 드러나게 된다. 아무리 좋은 옷을 입고 비싼 음식

을 먹어도 얼굴에 드러난 것은 못 숨긴다. '인상'은 어느 정도 노력으로 바꿀 수 있지만 '관상'은 선천적이어서 성형수술을 하지 않는 이상은 고칠 수 없다.

이렇게 말로만 하면 비과학적이라고 생각할 수 있는데, 관상을 과학적으로 연구한 사람들도 있다. 실제 미국 정치인들의 얼굴을 사람들에게 보여주고 그 정치인들의 성격이나 특성 등을 피실험자들에게 확인하는 방식으로 연구를 진행했는데, 실험 참가자들이 부패한 정치인과 청렴한 정치인들을 얼굴로 구분해낼 수 있었다는 결과가 나왔다. 한마디로 '해먹을 놈'이 누구인지 구분했다는 것이다.

이런 '앵그리 버드'처럼 생긴 얼굴이라면 화가 많다는 것쯤은 충분히 알 수 있겠다.

여기까지만 듣는다면 관상으로 옥석과 그렇지 못한 사람을 가려낼 수 있다는 결론이 도출된다. 실제로 이렇게 해서 범죄자를 가려낼 수 있다는 이론도 있었다. 하지만 실생활에서는 관상이 들어맞지 않는 경우도 종종 있다. 진짜 흉악하게 생긴 사람이라도 마음이 따뜻할 수 있고, 겉은 번지르르한데 속은 흑심이 가득할 수도 있다. 그러니까 관상만 믿고 사람을 함부로 판단해서는 절대로 안 된다. 서양 속담에도 "책 표지로 책을 판단하지 말라."라는 말이 있다. 사람을 볼 때 중요한 판단기준 중 하나로 삼을 수는 있겠지만 너무 맹신하게 된다면 정말 속 깊고 마음이 따뜻한 사람을 놓치게 될 수도 있다. 얼굴보다는 그 사람의 마음을 보는 것이 우선이라는 것을 항상 기억해두길 바란다.

CHAPTER 9

사나이 가슴을 울렁이게 하는 화제!

남자의 물건

102 조이스틱으로 조종할 수 있는 벤츠가 있었다고?

명차로 평가받는 메르세데스 벤츠의 삼각별 모양 로고는 그 자체로 고급스러움의 대명사다. 요즘에는 국내에도 많이 보급되어서 길거리에서 쉽게 볼 수 있다. 언젠가 돈을 많이 벌면 벤츠를 사고 싶다고 생각하는 사람도 많을 것이다. 오죽하면 「날아라 슈퍼보드」에서 삼장법사노 벤츠를 탔을까?

벤츠는 단순히 좋은 차가 아니다. 우리가 타는 자동차의 역사와 벤츠의 역사는 궤를 같이한다. 지금 우리가 기름을 넣고 타는 자동차를 '내연기관 자동차'라고 하는데, 이 내연기관 자동차를 최초로 만든 사람이 바로 벤츠의 창립자인 칼 벤츠다. 그런 사람이 만든 '삼각별'이니 얼마나 그 역사가 길고 유구하겠는가.

오랜 역사를 자랑하다 보니 특이한 자동차를 만든 적도 종종 있다. 일반적인 자동차들의 운전석에는 둥그런 핸들이 달려 있다. 그런데 벤츠의 과거 모델 중에 조이스틱으로 조종하던 모델이 있었다면 믿겠는가? 1996년 파리 모터쇼에서 벤츠가 선보인 F200 모델은 차량 내부의 조이스틱으로 조종했다. 우리가 일반적으로 보는 운전대 대신 항공기에서 사용하는 전자식 스틱을 도입한 것이다. 레버를 좌우로 기울이면 방향을, 앞뒤로 기울이면 속도를 조절하는 방식이었고 방향지시등이나 경적은 스틱의 버튼을 누르는 방식이었다.

칼 벤츠가 만들었던 최초의 내연기관 자동차.
이 자동차가 이후 대표적인 자동차 브랜드가
될 줄은 꿈에도 상상 못했겠지.

벤츠에서는 자전거도 만든다.
돈은 없는데 삼각별 로고가 갖고 싶다면
하나쯤 장만해둘 것.

벤츠는 특이한 자동차뿐만 아니라 자전거도 만들었다. 자동차 회사에서 자전거를 만드는 이유는 바로 법 때문이다. 자동차 회사들은 배기가스를 내뿜지 않는 '바퀴가 달린 차량'을 의무적으로 만들어야 한다. 법적으로는 자전거도 차량으로 인정받는다. 그래서 벤츠를 비롯해 BMW, 아우디, 현대기아차도 자전거를 만들어왔다. 하지만 앞으로는 기술 발전에 따라 전기차를 만들 예정이다. 참고로 벤츠 자전거를 산 사람들의 말에 따르면 그 돈 주고 굳이 살 필요는 없단다.

103 세계에서 가장 빠른 자동차 TOP 5

※ 2021년 10월, 최고 속력 기준으로 작성되었다.

부가티 시론 슈퍼 스포츠 300(483km/h)

부가티 시론. 31억 원짜리 차를 갖고 싶으냐고 물어보기 전에 먼저 31억 원이 있는지 물어보는 게 예의 아닌가?

제로백 2.4초. 더 이상 설명이 필요 없는 '슈퍼카', 아니 '하이퍼카'의 최고봉이다. 차를 잘 모르는 사람도 부가티가 비싼 건 안다. 비싼 만큼 성능이 뛰어난 것 또한 이미 잘 알려진 사실이다. 디자인부터 성능까지 어디에도 뒤처지지 않는 차를 만들어내는데, 가격은 240만 유로, 한화로 약 31억 원이다. 나는 얼마가 더 있어야 하는 거야?

헤네시 베놈 F5(484km/h)

술 만드는 회사에서 자동차도? 아니다. 이름만 같은 미국의 자동차 제조회사다. 100km/h까지 도달하는 데 2초도 안 걸리는 괴물 자동차이다. 2,000마력에 가까운 힘을 자랑하며 디자인도 흠잡을 데 없고 단 24대밖에 생산되지 않아 독특하기까지 하다. 하긴, 이 차 살 재력이 있으면 남들과는 달라야겠지.

코닉세그 제스코(531km/h 추정)

코닉세그 제스코. 의외로 스웨덴에서 차를 잘 만든다.

스웨덴의 스포츠카 메이커로 부가티, 파가니와 함께 세계 3대 스포츠카 브랜드로 유명한 코닉세그는 '세계에서 가장 빠른 차' 랭킹에 늘 있는 회사다. 참고로 이 회사에서 만드는 트레비타는 약 55억 원으로 세계에서 가장 비싼 차에 등극했다. 제스코 모델은 '세계에서 가장 빠른 차' 순위권에 들면서 코닉세그의 명성을 지켰다.

SSC 투아타라(533km/h)

제로백 2.5초. 이 정도 속도면 이미 자동차가 아니라 '총알 탄 사나이' 수준이다. '자동차계의 우사인 볼트'라고 해야 맞는 설명일까? 디자인도 매력적인 이 차를 보려면 아쉽게도 트랙으로 가야 한다. 차에 백미러가 없는 대신 카메라를 이용하기 때문에 법적으로 도로에서 달릴 수 없기 때문이다. 첨단 기술이 이런 건가?

데벨 식스틴(550km/h)

가장 빠른 자동차다. 무려 5,000마력의 힘을 자랑하는 괴물 자동차이다. 이 차를 사기 위해서는 2년이라는 대기 기간을 거쳐야 할 만큼 사람들의 관심이 높다. 돈이 있어도 물건이 없어 못 산다. 제품에 가격표도 붙어 있지 않다. 부르는 게 값이라 가격표 대신 '가격 문의'라는 태그가 붙어 있다.

104 | 전기차는 생각보다 만들어진 지 오래되었다?

요즘 주식시장에서 핫한 테슬라부터 독3사, 포르쉐 그리고 현대와 기아차까지 모든 자동차 브랜드가 주목하고 있는 것이 바로 전기차다. 도로 위에 부쩍 전기차가 늘었지만 언제쯤 전기차가 완전히 도로 위를 지배할지에 대해서는 아무도 모른다. 전기차가 대중화되려면 전 세계에 있는 주유소가 전기차 충전소로 바뀌는 수준이 돼야 가능하기 때문이다.

그런데 지금 핫한 전기차가 사실은 과거에 더 핫했다면? 그리고 사실 탄생한 지도 꽤나 오래 되었다면? 전기차는 1830년대 스코틀랜드 사업가 앤더스 경이라는 사람이 처음 만들었다. 1873년에 개발된 내

전기차는 생각보다 오래되었다. 이 사진 조작 아니다.

연기관 자동차보다 40년이나 빠르다는 게 놀랍지 않나? 지금과 같은 형태의 전기차는 그로부터 12년 뒤인 1842년, 미국 토마스 데트와 스코틀랜드의 로버트 데이비슨이 만들었다. 한마디로 그 역사가 유구하고 오래된 것이다.

전기차의 대표 브랜드인 테슬라.
이제 전기차는 내연기관 자동차의
대안으로 자리매김하고 있다.

전기차가 전 세계적으로 인기를 끈 것은 1881년, 프랑스 파리에서 열린 국제전기박람회에서 구스타프 트루베가 삼륜 전기차를 운행하면서부터였다. 트루베가 운전하는 것을 본 사람들은 전기차에 꽂혀 지금 여러분이 테슬라를 사고 싶어 하는 것처럼 너 나 할 것 없이 사기 시작했다고. 특히 기어를 바꿔줄 필요가 없어 운전이 쉽고, 진동과 소음이 적어 상류층 여성 운전자에게 큰 인기를 끌었다.

그렇다면 잘나가던 전기차는 도대체 왜 사라진 걸까? 1920년대 미국 텍사스에서 원유가 대량으로 발견되면서 전 세계 원유 가격이 하락했고 덩달아 내연기관 자동차의 매력이 높아졌다. 그리고 1910년 가솔린차가 대량 생산되면서 차값 자체도 전기차보다 절반 수준으로 떨어졌다. 한마디로 가격적인 부담이 많이 줄었기 때문에 전기차가 밀리기 시작한 것이다. 여기에 배터리 무게, 충전 시간, 낮은 속도 등 전기차의 비효율성이 문제가 되면서 1930년대 이후 전기차는 시장에서 완전히 자취를 감추게 되었다. 이후 수십년이 지난 2000년대가 되어서야 다시 등장할 수 있었다.

105 오토바이와 차를 만드는 BMW, 원래는 다른 걸 만들었다고?

독일제 자동차 BMW가 좋다는 건 누구나 안다. 벤츠와 비교될 때는 '롤렉스와 오메가', '나이키와 아디다스'처럼 조금 속상한 건 사실이지만 그래도 이 정도 차면 충분히 만족하고 탈 수 있을 수준이다. 아니, 없어서 못 사는 수준이지. 그런데 BMW가 무슨 뜻이냐고? 길거리에서 그렇게 많이 보는데 무슨 뜻인지 잘 모르겠다고? 독일어 'Bayerische Motoren Werke AG'의 약자로, 굳이 번역하자면 '바이에른 원동기공업 주식회사'다. 이름에서도 알 수 있듯이 이 회사는 독일 바이에른주에서 처음 그 역사를 시작했다.

BMW 로고는 다들 알 것이다. 이 로고는 BMW가 창립된 바이에른

BMW는 비행기도 만들었다. 그래서 로고가 프로펠러 모양이라고 착각하는 사람이 많은데, 제조사에서 아니라니까 어쩔 수 없다.

주의 주기에서 따왔는데, 1917년에 처음 로고가 만들어진 이래로 큰 변화 없이 100년이 넘게 사용되고 있다. 혹은 처음부터 비행기를 만들었기 때문에 비행기 프로펠러를 모티브로 로고를 만들었다는 이야기도 있다.

구형 BMW 모델. 여유가 된다면 한 대쯤은 꼭 갖고 싶다. BMW 특유의 그릴, 정말 괜찮지 않나?

잠깐만, 비행기라고? 내연기관 자동차의 산증인이라고 해도 무방한 벤츠와 다르게 BMW는 처음부터 자동차를 만들었던 게 아니다. BMW가 창립되었을 당시에는 제1차 세계대전이 한창이어서 전투기 수요가 높았다. 당시 '레드 바론'이라는 별명으로 이름을 날렸던 만프레트 폰 리히트호펜 남작이 극찬했을 만큼 BMW가 만든 전투기의 성능은 검증된 수준이었다. 물론 제1차 세계대전이 끝나자마자 비행기 엔진 만드는 건 관뒀지만 제2차 세계대전이 시작되자 독일 공군을 위해 다시 비행기 엔진을 만들었다.

BMW가 자동차와 오토바이를 만들게 된 것도 사실은 정치적인 이유 때문이다. 제1차 세계대전 이후 승전국인 미국, 프랑스, 영국 등이 패전국 독일에 불리한 베르사유 조약을 체결했는데, 이 조약에 독일 회사들이 전투기와 비행기 엔진 제작을 금지하는 내용이 담겨 있었다. 결국 밥줄이 끊긴 BMW는 다른 먹고살 길을 찾아야 했고 1923년부터 오토바이를, 1928년부터 자동차를 만들기 시작했다. 어쨌거나 베르사유 조약 덕분에 BMW는 세계적인 자동차 그리고 오토바이 브랜드로 성장했으니 웃어야 하나, 울어야 하나?

106 | 아우디 창립자가 자기 이름을 넣지 못한 이유

멕시코 올림픽에 사용되었던 오륜기 로고.
아우디랑 비슷하게 생기긴 했다.

유명한 브랜드가 대부분 그러하듯이 아우디도 100년 이상의 오랜 역사를 자랑한다. 그래서 어떤 차를 만들었냐고? 아우디는 광고에서 자사의 자동차가 37.5도 경사의 스키 점프대를 거슬러 올라갈 수 있는 성능임을 보여주었다. 특유의 차량 구동 방식인 '콰트로'는 지금도 아우디를 대표하는 장점으로 꼽힌다.

그런데 아우디가 벤츠와 연관이 있다면 믿겠는가? 아우디의 창립자 아우구스트 호르히는 벤츠의 창립자인 칼 벤츠 밑에서 3년간 일했던 적이 있다. 입사한 지 4개월 만에 두각을 나타내며 칼 벤츠의 신임을 받았지만, 사사건건 자신의 아이디어에 태클을 거는 칼 벤츠에게 화가 난 나머지 벤츠를 때려치우고 친구와 '아우토모빌 호르히&시에'라는 회사를 설립했다. 이 회사도 친구와의 의견 차이 때문에 결국 나올 수밖에 없었다(그래서 친구 사이에 동업하지 마라고 하나 보다).

그리고 자신의 이름을 딴 '아우구스트 호르히 오토모빌'을 설립했다. 하지만 상표법 위반 문제 때문에 본인 이름임에도 불구하고 회사

이름에서 아우구스트 호르히를 빼야만 했다. 결국 회사명으로 선택된 것은 '듣다'라는 라틴어로부터 따온 '아우디'다.

아우디의 창립자 아우구스트 호르히. 보통은 자기 이름 걸고 회사를 만드는데 호르히는 그러지 못했다.

이름뿐만 아니라 로고도 태클이 들어왔다. 친구와 설립한 회사 관련 분쟁을 1932년에 해결하고 나서 아우디와 원래 그가 있던 회사 그리고 다른 두 회사와 합병해서 아우토 유니온을 결성했는데, 이 네 회사를 연합한 것을 형상화한 것이 바로 동그라미 4개 로고다. 이 로고가 올림픽 오륜기랑 비슷해서 아우디는 실제로 1995년 올림픽위원회에 상표권 문제로 고소당한 적이 있다. 결국 올림픽위원회가 패소하면서 아우디는 아무 문제 없이 이 로고를 사용할 수 있었다. 우여곡절 끝에 지금의 아우디가 탄생했으니 정말 다행이라고 할 수 있겠다.

107 롤렉스는 새 제품보다 중고품이 더 비쌀 수도 있다?

어떻게 중고품이 새것보다 비쌀 수 있냐고? 롤렉스라면 가능하다. 시간이 지나 그 가치를 인정받는 중고 롤렉스 시계는 '빈티지' 수식어가 붙으며 수많은 마니아의 사랑을 받는다. 대표적인 빈티지 롤렉스는 바로 '데이토나' 모델이다.

레이싱을 위해 탄생한 데이토나 모델은 여럿 있지만 그중 '폴 뉴먼 데이토나'로 불리는 시계는 천정부지로 가격이 치솟았다. 이 시계는 미국의 유명 배우였던 폴 뉴먼이 착용해서 널리 알려졌다. 세상에 등장한 지 오래지만 폴 뉴먼 데이토나는 2017년 경매에서 200억 원의 가격에 낙찰되었다. 왜 이렇게 비싸냐고? 단순히 폴 뉴먼이라는 유명한 영화배우가 차서다. 200억 원이라니, 투자할 만한 가치가 있긴 하다.

이 사실로 미루어보아 이제 롤렉스는 단순한 시계를 넘어서 '재테크' 수단이 되었음을 알 수 있다. 새 제품보다 중고가 훨씬 더 비싼 웃지 못할 상황이 종종 발생하기도 한다. 과연 어떤 모델을 사야 중고가가 올라갈 수 있을까?

현재 롤렉스 시계 중에서 가장 인기가 많은 모델을 꼽으라면 서브마리너와 데이토나 두 모델이 있다. 이 두 모델은 많은 사람이 갖고 싶어 하지만 공급은 턱없이 모자라다. 수요보다 공급이 적은 제품은 가격이 비싸지게 마련이다. 그러니 이 제품들을 구할 수 있다면 좋다.

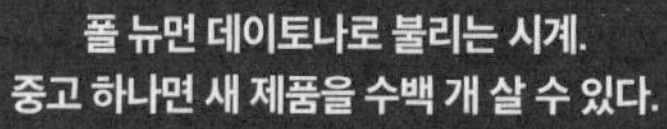
폴 뉴먼 데이토나로 불리는 시계.
중고 하나면 새 제품을 수백 개 살 수 있다.

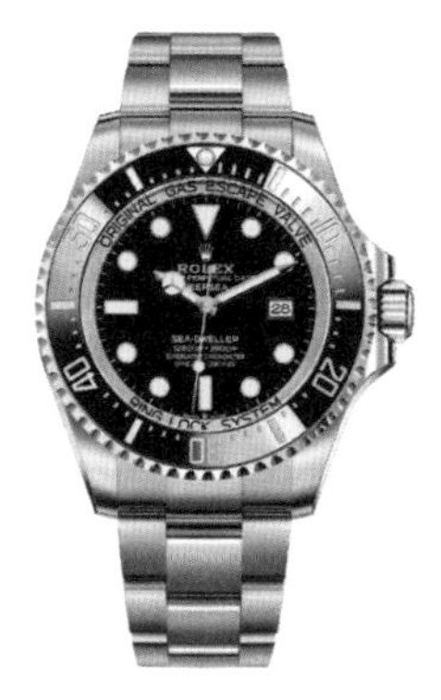

네이비씰 특전사들부터 체 게바라까지 그들의 손목에 있던 서브마리너는 오늘날에도 여전히 롤렉스를 대표하는 모델이다.

얼마나 인기 있는 모델이냐에 따라서 가격도 천차만별이다. 롤렉스 모델은 매년 가격이 오르기 때문에 감가는 없지만 모델에 따라서 가격이 오르는 속도가 다르다. 투자 수단으로 롤렉스를 구매한다면 가격 상승 폭이 가파른 모델을 염두에 두는 것이 좋다.

롤렉스 빈티지를 사고 싶어 하는 사람에게 팁 하나를 알려주겠다. 롤렉스 시계의 다이얼 야광이 색이 바뀐 채 판매되는 경우가 있다. 다이얼에 발린 트리튬 야광이 시간이 오래 지나 노랗게 변색한 것이다. 마니아들은 이를 보통 "다이얼이 잘 익었다."라고 표현한다. 이 경우 그 상태에 따라 값은 천정부지로 뛸 수도 있으니 만약 이런 시계를 구할 기회가 있다면 무조건 사두자.

108 세상에서 가장 비싼 시계 TOP 5

당신의 손목에는 무슨 시계가 올라가 있나? 1만 원짜리 디지털 시계? 아니면 수백만 원, 수천만 원짜리 기계식 시계? 무엇을 차고 있든 이 시계들 앞에서는 초라해지게 될 거다. 온갖 비싼 장식과 기술력이 종합되어 만들어진 시계로 평생 벌어도 못 살지 모른다. 그렇다고 해서 궁금해하지 말란 법은 없으니까 여러 시계 중 억 소리 나게 비싼 시계 5개에 대해 알아보자.

파텍필립 1518(약 123억 원)

1940년대에서 1950년대 사이에 생산된 전 세계에 4개밖에 없는 제대로 '리미티드 에디션'이다. 이집트의 파록왕이 착용하기도 했던 이 시계는 2016년 경매에서 약 123억 원의 가격에 팔려나갔다. 파텍 필립의 신제품이 3억 원 정도니까 40개는 넘게 살 수 있겠다. 일단 신제품을 손에 올리는 걸 목표로 하고, 그다음에 이 시계를 사도록 하자.

롤렉스의 폴 뉴먼 데이토나(약 190억 원)

유명 배우 폴 뉴먼이 착용했던 시계라는 이유만으로도 가격이 수백 배, 수천 배 뛰었다. 시계를 사두고 유명 인사가 된 다음에 그 시계를 팔면 부자가 될 수 있다.

메이웨더가 찼던 제이콥앤코의 빌리어네어.
이름에서도 알 수 있듯이 억만장자만
찰 수 있는 시계같이 생겼다.

마리 앙투아네트가 사용했던 브레게의 시계.
시계 안이 훤히 들여다보이는 걸
'스켈레톤'이라고 하는데
고급 시계에서나 볼 수 있는 기술이다.

제이콥앤코의 빌리어네어(약 200억 원)

이 시계는 듣지도 보지도 못했는데 왜 비싸냐고? 260캐럿짜리 다이아몬드가 박혀 있다. 이 시계를 사간 사람은 플로이드 메이웨더라는 '갑부 복서'다.

브레게 1160(약 336억 원)

브레게가 유서 깊은 브랜드라는 걸 알고 있는가? 교수형에 처해진 마리 앙투아네트가 사용했던 시계를 만든 장인이 바로 브레게의 창립자 아브라함 루이 브레게다. 그만큼 시계 브랜드 중에서는 유서 깊은 브랜드다. 2004년 브레게는 마리 앙투아네트의 시계를 복각해 만들기로 했고 그동안 차근차근 쌓아온 노하우를 통해 2008년에 완성했다. 역사적으로 의미 있는 시계라고 해야 할까?

그라프의 다이아몬드 할루시네이션(약 625억 원)

영국의 최고급 보석 브랜드인 그라프는 시계도 만든다(사실 시계라기보단 온갖 보석을 붙여놓은 팔찌라고 생각하는 게 속 편하다). 천연 다이아몬드 110캐럿짜리를 모자이크처럼 배열해 시계를 만들었다. 빛이 감도는 '팬시컬러' 다이아몬드라서 일반적인 다이아몬드보다 훨씬 더 비싸다. 물론 지금까지 이 제품을 산 사람은 없다는데 그 이유는 너무 비싸서다. 갑부들도 저건 못 사겠나 보다. 저거 사느니 저 돈으로 치킨 먹는 게 더 이득이지.

109 세상 특이한 시계 10가지

오틀랑스의 래버린스

2016년 출시된 이 시계는 특이하게도 시간을 알려주지 않는다. 시침과 분침이 없는 대신 시계에 미로판이 장착되어 있다. 이따위로 시계를 만든 이유에 대해 오틀랑스는 어린 시절에 펼쳤던 상상력을 마음껏 펼칠 수 있게 하기 위해서라고 변명했다. 가격은 1,500만 원대다. 돈이 많아도 안 살 것 같은 느낌이 든다. 이외에도 이 회사는 핀볼 게임용 시계를 만드는 등의 만행을 저지르기도 했다. 문구점 가면 왠지 1만 원에 살 수 있을 것 같다.

자케 드로의 버드 리피터

스위스 시계 역사의 한 축을 차지하는 시계 브랜드 자케드로의 시계 중에는 '버드 리피터'라는 특이한 시계가 있다. 일정 시간이 되면 시계 위에서 알이 부화하고, 어미 새가 새끼 새에게 모이를 준다. 가격은 뭐, 말 안 해도 알겠지? 섬세할수록, 특이할수록 가격이 비싸지는 것이 기계식 시계다.

까르띠에의 크래시 워치

살바도르 달리를 아는가? 잠재의식과 꿈의 세계를 탐구한 초현실주

반클리프 아펠의 미드나잇 플래너태리움.
별들과 행성들이 내 손목 위에서 돈다.

HYT의 시계에는 물이 들어 있다.
시인성을 높이기 위해 물에 색을 입혔다.

의 화가인 그의 대표 작품인 「기억의 지속」에는 녹아내리는 시계, 늘어진 시계가 등장한다. 현실에서도 이와 비슷한 시계가 있는데, 바로 까르띠에의 크래시 워치다. 과거 까르띠에의 직원이 차고 있던 시계가 교통사고로 인해 망가졌는데, 그 모습 그대로 만들었다.

반클리프 아펠의 미드나잇 플래너태리움

태양을 중심으로 행성들이 공전하고 있다. 하늘에는 별이 펼쳐져 있고, 우주가 손안에 있다. 영화 이야기냐고? 시계 이야기다. 태양을 중심으로 공전하는 수, 금, 화, 목, 토의 다섯 행성이 다이얼에 담겨 있고 실제 행성들의 공전 속도대로 손목 위에서 움직인다. 손안에 작은 우주가 있다니, 어떤 느낌일까?

리차드 밀의 RM 50-03 맥라렌 F1

시계 마니아 사이에서 리처드 밀은 우직해 보이는 디자인 때문에 '상남자 시계'로 통한다. 차와 시계는 상남자의 장난감이라 할 수 있는

데, 그 때문인지 종종 시계 브랜드와 자동차 브랜드가 협업하기도 한다. 리처드 밀도 스포츠카 브랜드 맥라렌과 협업한 시계를 선보였다. 재미있는 것은 이 시계가 티타늄이나 카본 같은 신소재를 사용해 무게 40g을 넘지 않으면서도 매우 튼튼하다는 것이다. 기계식 시계 대부분이 상당히 무거운 걸 감안하면 놀라운 수준이다.

크리스토프 클라렛의 텍사스 홀덤

카지노에 가지 않고 손목 위에서 도박을 즐길 수 있다면? 크리스토프 클라렛이라는 브랜드는 텍사스 홀덤, 바카라, 룰렛, 블랙잭 등 카지노에서 접할 수 있는 게임을 손목 위에 그대로 옮겨놓았다. 이 시계 사면 '타짜'가 되는 건가?

HYT의 플로우

손목 위의 시계에 물이 들어간다면? 2002년에 창립된 HYT의 제품에는 '벨로'라고 불리는 일종의 피스톤 장치가 들어 있다. 그 안에 물이 있어서 온도계처럼 시간을 표시하는 방식으로 시계가 작동한다. 참고로 HYT는 첫 시계를 만들어서 제품으로 내놓기까지 10년이라는 세월을 연구 개발에 투자했다. 역시 노력은 결과를 배신하지 않는다.

로맹 제롬의 문 오르비터

역사 속의 귀중한 순간을 내 손목 위에 올릴 수 있다면? 로맹 제롬은 침몰한 타이타닉 선체의 금속을 사용해 시계를 만들거나 아폴로 11호 우주선의 부품을 녹여 만든 시계를 내놓기도 했다. 그들이 만든 '문 오르비터' 시계에는 아폴로 11호의 강철과 더불어 진짜 달의 먼지가 들어 있다고 한다. 과연 달의 먼지를 어떻게 얻은 걸까? 만약 이 사실이 그냥 마케팅이라고 해도 아폴로 11호의 부품으로 만들어졌다는 것만으로도 충분히 유니크한 시계다.

피오나 크루거의 디아 데 무에르테

'해골' 하면 무슨 생각이 드는가? 아마도 음산하고 섬뜩한 분위기, 죽음의 이미지가 떠오를 것이다. 이 죽음의 상징인 해골을 예술의 경지로 끌어올린 피오나 크루거라는 시계 회사가 있다. 해골로부터 영감을 받아 일일이 손으로 해골 모양을 만들었다고 한다.

파르미지아니의 플러리에 부가티 타입 390

시계에서 돈 냄새가 난다면? 아마 파르미지아니 시계라면 가능할지도 모른다. 미셸 파르미지아니가 1976년에 설립한 파르미지아니는 세계 최고의 하이퍼카 브랜드 중 하나인 부가티와 함께 시계를 생산하고 있다. 디자인이 매우 독특한 이 시계는 부가티 차체와 엔진에서 영감을 받아 만들어졌다. 시계 하나가 수억 원에 달한다고 한다.

110 지상 최대의 스파이 제임스 본드의 물건들

애스턴 마틴의 DB5

'제임스 본드' 하면 가장 먼저 떠오르는 것은 아마도 애스턴 마틴의 DB5가 아닐까? 은색으로 된 이 아름다운 차는 제임스 본드와 동의어라고 해도 무방할 만큼 밀접한 관계가 있다. 그런데 이언 플레밍의 원작 소설에서 본드가 탔던 차가 벤틀리였다는 사실을 아는 사람은 드물다. 어떻게 애스턴 마틴이 제임스 본드를 대표하는 차가 된 걸까?

이언 플레밍은 책을 낸 이후 한 독자로부터 제임스 본드를 위해 좀 더 품위 있는 차를 택하는 게 어떻겠냐는 편지를 받았다. 편지를 쓴 팬이 제안한 차가 애스턴마틴의 DB3였다. 그래서 그는 1959년에 출간한 『007 골드핑거』부터 제임스 본드의 차를 애스턴 마틴으로 바꿨다. 이후 1964년에 영화 「007 골드핑거」가 제작되면서 당시로는 최신 모델인 DB5를 자연스럽게 택하게 되었다고 한다.

마티니

'Shaken, Not Stirred(젓지 말고 흔들어서)' 방식으로 만드는 이 마티니의 정확한 이름은 '베스퍼 마티니'다. 원래는 이 마티니에 '키나 릴레'라는 리큐르가 들어가야 하지만 현재 생산이 중지되어 '릴레 블랑'이라는 다른 술이 들어간다. 이 술을 구하려면 꽤 노력해야 한다고 한다. 그래

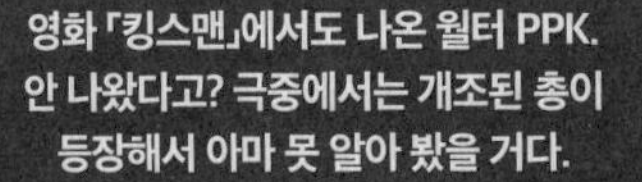

영화 「킹스맨」에서도 나온 월터 PPK.
안 나왔다고? 극중에서는 개조된 총이
등장해서 아마 못 알아 봤을 거다.

더글라스 펠 사의 머니클립.
예쁘지만 우리나라에서는 머니클립을
들고 다니는 사람이 그렇게 많지는 않다.

서 요즘에는 다른 방식으로 베스퍼 마티니를 만들기도 한다.

한편 마티니는 또 다른 첩보원에게도 사랑받는다. 그 주인공은 바로 영화 「킹스맨」의 '에그시'다. 영화에서 그는 진을 베이스로 베르무트를 흔들어 섞지 않고 10초만 젓는 레시피로 자신만의 마니티를 주문한다.

월터 PPK

제임스 본드를 가장 스파이답게 만들어주는 소지품은 바로 이 권총이다. 1962년 개봉한 「007 살인번호」부터 30년 이상 제임스 본드의 권총으로 등장했다. 독일의 칼 월터사가 1929년 경찰용으로 개발한 이 권총은 독일의 게슈타포가 즐겨 사용했다. 김재규도 이 권총을 사용해 박정희를 암살했다.

수트

섹시한 스파이에게 가장 잘 어울리는 옷차림은 수트다. 숀 코너리도, 티모시 달튼도, 피어스 브로스넌도, 다니엘 크레이그도 모두 수트를 입고 있다. 도대체 왜 제임스 본드는 항상 수트를 입는 걸까? 처음 007 영화가 시작된 1960년대에 남성들은 항상 수트를 입었다. 품위를 지키던 당시의 사회적 분위기가 영화에도 반영되어 지금까지 이어진 것이다.

롤렉스, 오메가, 세이코

제임스 본드의 손목에 올려진 시계 중 사람들이 지금도 기억하는 것은 롤렉스와 오메가 그리고 세이코의 시계다. 첫 작품부터 꽤 오랫동안 본드에게 주어진 시계는 롤렉스 서브마리너였다. 이후 세이코와 태그호이어, 브라이틀링 등의 시계가 잠깐 등장했고 1995년 개봉한 「007 골든아이」부터 오메가가 '본드 워치'가 되었다.

머니 클립

멀끔한 제임스 본드의 옷차림을 망치지 않기 위해 가장 필요한 것은 옷이 불룩하게 보이지 않게 하기 위한 얇은 머니 클립이다. 「007 카지노 로얄」에서 다니엘 크레이그도 머니 클립을 사용해 돈과 카드를 보관한다. 그가 사용했던 제품은 영국 더글러스 펠 사의 스털링 실버 머니 클립이다.

111 | 차 한 대만 만들고 사라진 비운의 회사, 드로리언

'원 히트 원더'라는 말이 있다. 노래 하나만 히트시키고 사라진 비운의 가수를 의미하는 단어인데, 「That Thing You Do」나 「My Sharona」 같은 노래가 대표적이다. 무슨 노래인지 모르겠다고? 아마 들어보면 알 것이다.

그런데 자동차 회사 중에도 차 한 대만 만들고 사라진 비운의 회사가 있다는 걸 알고 있는가? 바로 미국의 드로리언이다. 무슨 차인지 모르겠다고? 아마도 영화 「백 투더 퓨처」에 등장하는 타임머신 자동차는 기억할 것이다. 그게 바로 드로리언에서 만든 차다.

문제의 DMC-12 모델. 겉모습은 멋진데 성능은 엉망이다. 내가 타는 오토바이도 잘하면 이 차를 이길 수 있을 거 같다. 하지만 그 독창적인 디자인만은 인정받아 세계의 각종 자동차 박물관에 전시되어 있는 기념비적인 차량이다.

드로리언은 'DMC-12'라는 모델 단 하나만 만들고 역사 속으로 사라졌다. 이 차를 내놓자마자 회사는 망해버렸고, 이 차는 전설로 남게 되었다. 현재 지구상에는 DMC-12 모델이 6,000대밖에 없다. 그만큼 희귀한 차다. 그중 6대는 「백 투더 퓨처」 촬영에 활용되었으나 3대만 살아남았다.

「백 투더 퓨처」에서 드로리언의 자동차는 매우 빠른 속도를 내면서 타임머신으로 활용되지만 실제로는 그렇게 빠르지 않다. 최대 속력이 고작 136km/h 정도다. 심지어 계기판을 살펴보면 그 이상은 아예 찍혀 있지도 않다. 영화에서 본 모습(영화에서 타임머신을 타고 과거로 가려면 시속 141km/h의 속도를 내야 한다)이 모두 거짓이었다니. 속았다는 생각이 드는데?

당시 가격으로 2만 달러가 넘는 비싼 가격이었음에도 차의 성능은 '똥'이었고 사후 처리도 개판이었다. 회사가 왜 망했냐고? 우선 차가 겉모습만 번지르르하고 너무 비싸서 사람들의 이목을 끌지 못했고, 차가 안 팔리자 생산 자금을 구하는 데 어려움을 겪었으며, 급박하게 돈을 마련하기 위해 사장이 마약 밀매 사기극에 얽히게 되어 결국 회사가 망했다. 한마디로 차가 개판이었던 것도 열악한 상황에서 억지로 만들어서였다.

112 세계에서 '롤스로이스 밀도'가 가장 높은 나라는?

'세계 3대 명차'가 무엇인지 아는가? 바로 벤틀리, 마이바흐, 롤스로이스다. 세 회사는 상류층을 대상으로 한 최고급 자동차를 만드는데 물론 가격은 어마어마하게 비싸고 차는 매우 좋다. 현재 벤틀리는 폭스바겐에서, 마이바흐는 벤츠에서, 롤스로이스는 BMW에서 최고급 라인을 차지하고 있다. 세 회사 모두 누구나 선망하는 자동차를 만들고 있다.

이중 영국 출신의 롤스로이스가 조금 더 특별한 것은 바로 신비주의 마케팅 때문이다. 과거에 롤스로이스는 사회적 지위나 경제적 능력을 바탕으로 만들어진 고객 명단을 보유하고 있었다. 자사의 차를 주문한 고객의 사회적 지위와 명성을 확인한 다음에 자동차를 판매했다는 것은 이미 널리 알려진 사실이다. 한마디로 돈 없고 유명하지 않

누가 한 대만, 한 대만 사줘….

은 사람은 구매할 기회도 없었다는 것이다. 세계적으로 인기를 얻었던 가수 엘비스 프레슬리와 미국의 아이젠하워 대통령이 롤스로이스를 사려 했으나 회사 측에서 판매를 거절했다는 소문도 있다(물론 지금은 돈만 있으면 살 수 있다).

홍콩에서는 발에 채일 정도로 흔한 게 롤스로이스다.
영국의 식민통치 영향이라고 한다.

세계에서 인구밀도가 가장 높은 곳은 바로 도박의 도시 마카오다. 왜 뜬금없이 인구밀도 얘기냐고? 이 질문을 하기 위해서다. '롤스로이스 밀도'가 가장 높은 곳은 어디일까? 바로 마카오 옆에 있는 홍콩이다. 과거에 영국의 지배를 받았던지라 홍콩에 롤스로이스가 많을 수밖에 없다. 영국 지배 당시 홍콩에 근무하던 영국군 장교들과 영국인 사업가들이 타고 다니던 차가 롤스로이스였다.

롤스로이스의 밀도가 유독 높았던 것은 아마도 이 차가 매우 잘 만들어졌기 때문이 아닐까? 1906년 롤스로이스가 창립된 이후부터 지금까지 만들어진 모든 롤스로이스 중 60% 이상은 현재도 도로에서 정상적으로 굴러가고 있다. 1950년대에 다른 회사에서 만든 자동차는 이미 고철이 되었지만, 롤스로이스는 여전히 도로에서 존재감을 확실하게 드러낸다. 실제로 롤스로이스를 모는 사람들의 말에 따르면 아무리 차가 오래되었다고 해도 강력한 엔진과 장인정신으로 만들어진 차체 때문에 여전히 잘 굴러간다고 한다.

113 포르쉐 전조등 '개구리 눈'에 숨은 비밀이 있다!

차를 잘 모르는 사람이라도 포르쉐는 안다(그리고 그 차가 비싼 차라는 것도 안다). 포르쉐는 미려한 디자인에 성능까지 좋아서 많은 사람의 로망이다. 요즘에는 길거리에서 심심찮게 보이지만 그래도 여전히 사람들의 마음속에 '드림카'로 자리 잡고 있음을 부정할 수는 없다.

포르쉐 하면 또 떠오르는 것은 바로 '개구리 눈'이다. 개구리 눈처럼 생긴 볼록 튀어나온 전조등 디자인은 이 차가 포르쉐라는 것을 단박에 알 수 있게 해준다. 한번 빠지면 답도 없다는 말이 있듯이, 포르쉐의 독특한 디자인에 매료되면 계속 포르쉐 생각밖에 안 난다.

그런데 도대체 왜 포르쉐는 개구리 눈을 닮은 전조등 디자인을 고수하는지 궁금하지 않은가? 포르쉐의 개구리 눈은 그냥 모양만 그렇

빈티지 포르쉐 모델. 현재의 포르쉐와는 다른 멋이 있다.
그럼에도 개구리 눈 모양 전조등은 변하지 않았다.

게 만들어놓은 것이 아니다. 튀어나온 전조등 덕분에 트랙의 가장자리가 어디인지 쉽게 알 수 있다. 코너를 돌 때 전조등이 튀어나온 부분에 맞춰서 핸들을 돌리면 정확히 트랙을 주행할 수 있다. 보기에도 괜찮고 기능에 충실한 디자인을 포르쉐에서 창조해낸 것이다.

포르쉐의 로고. 회사가 창립된 지명인 슈투트가르트가 적혀 있다. 이 방패 문양 로고는 이제 부의 상징으로 자리 잡았다.

재미있는 것은 이 독특한 디자인이 과거부터 지금까지 이어져 오고 있다는 사실이다. 창립자 페르디난트 포르쉐가 처음 디자인했던 911의 고유한 특징은 시간이 꽤 흘렀음에도 여전히 이어져 오고 있다. 못 믿겠다고? 처음 탄생한 1963년부터 지금까지 911은 뒤에 있는 엔진과 앞에 있는 트렁크의 독특한 디자인을 유지하고 있다. 안 보인다고 거짓말하는 거 아니냐고? 구글에 검색해보면 안다. 지금까지 일곱 차례 대대적인 디자인 변경이 있었지만 모든 911이 엇비슷해 보인다.

114 군대에서 유래한 패션 아이템 7가지

군필자라면 아마 군복이 지긋지긋할 거다. 징글징글하게 굴렀던 기억, 제초 작업, 제설 작업을 한 기억 때문에 군복이라면 치가 떨릴 것이다. 그런데도 빠져나올 수 없는 늪 같은 존재가 바로 군복이다. 남성복 중 상당수가 바로 군복에서 유래했기 때문이다.

트렌치코트

제1차 세계대전 당시 혹독한 겨울의 추위를 이기기 위해 영국군 장교들이 입던 코트에서 유래했다('트렌치'는 참호를 의미한다). 이 코트를 처음 만들어낸 건 바로 영국의 명품 브랜드 버버리다.

더플코트

일명 '떡볶이 코트'라고도 불린다. 이 코트의 이름은 벨기에의 '더플'이라는 지역에서 유래했는데 제2차 세계대전 당시 영국 국방성의 요청에 따라 영국 해군에게 지급되었던 옷이다.

필드 재킷 혹은 야상

아무렇게나 훽 걸쳐도 멋있는 야상은 원래 전투복이었다. 그중 가장 인기를 끌고 있는 M65 야상은 미국 내 반전 시위 참가자들이 이 옷을 입고 참여하면서 일상복이 되기 시작했다. 「택시 드라이버」, 「애니 홀」 같은 영화에도 심심찮게 등장하는 '근본 있는 옷'이다. 직접 입어보니 군복답게 10년을 입어도 찢어지지 않고 튼튼하다. 패션 브랜드에서 나온 제품이 아닌 군용품을 고르면 두고두고 입는다.

M65 야상. 스트리트 패션 사진에서 가장 쉽게 볼 수 있는 아이템 중 하나. 미군 덕분에 패셔니스타들도 자신들의 스타일을 살릴 수 있었다.

줄무늬 티셔츠

'브레통 셔츠'라고도 불리는 이 옷은 프랑스 해군의 군복이었다. 당시 프랑스 해군은 바다에서 쉽게 식별할 수 있는 줄무늬 군복을 입었다. 이후 피카소 같은 유명인사가 이 옷을 일상복으로 입으면서 유명해졌다.

면바지 혹은 치노 팬츠

'치노'는 중국인을 뜻하는 단어가 아니다. 이는 원래 영국 맨체스터에서 만든 두껍고 튼튼한 직물로 미국으로 전해져 제1차 세계대전 당시 미국 육군에서 작업복으로 착용했다.

버뮤다 쇼츠

면 반바지를 '버뮤다 쇼츠'라고도 부르는 걸 알고 있는가? 영국령이었던 버뮤다 제도에서 근무하던 영국 병사들이 반바지를 입은 원주민을 보고 군복 바지를 잘라 입은 데에서 유래했다는 설이 있다.

클락스의 데저트 부츠.
여러 브랜드에서 군용 부츠의 디자인을 이어받은 이 제품을 내놓고 있지만 저렴한 가격에 튼튼한 신발로 인지도를 얻은 클락스의 제품이 가장 많이 사랑받는다.

데저트 부츠

제2차 세계대전 당시 아프리카 사막 전선에서 독일군과 대치하던 영국군은 신발에 모래가 들어가는 게 짜증 났던 것 같다. 덕분에 모래가 들어가지 않도록 만들어진 데저트 부츠가 탄생했으니까. 그래서 이름에 '데저트'가 붙었구먼.

115 청바지의 살아있는 역사 리바이스, 뒷주머니에 숨은 비밀

'청바지' 하면 머릿속에 가장 먼저 떠오르는 브랜드는 대부분 리바이스일 것이다. 동의하지 않는다면 당신은 '패알못'이다. 옷을 잘 아는 사람이라면 리바이스가 청바지 역사에서 얼마나 큰 위치를 차지하는지 알 것이다. 한동안 사람들의 관심에서 멀어졌다가 최근에 다시 사랑받고 있는 이 '질기디 질긴' 브랜드 리바이스는 젊음의 상징이자 미국을 대표하는 하나의 아이콘이다.

리바이스가 19세기에 금광에서 일하던 광부들을 위해 만들어진 옷이라는 사실은 청바지 마니아라면 대부분 알고 있을 것이다. 캘리포니아 지역에서 사람들이 금광을 찾아 헤매던 골드러시 시기에 광부들은 옷이 쉽게 해지는 것이 매우 큰 불만이었다. 튼튼하다고 해서 샀더니 작업 중에 죄다 옷이 해지거나 찢어져 입을 수 없었던 것이다.

리바이 스트라우스와 제이콥 데이비스는 가지고 있던 텐트에 쓰인 질긴 천으로 바지를 만들어 광부들에게 팔았다. 이 제품이 잘 팔리자 아예 천을 파란색으로 염색해 작업복을 만들기 시작했다. 도대체 왜 파란색으로 청바지를 염색했냐고? 햇빛에 잘 바래지도 않으며 거친 노동에 옷이 상해도 티 나지 않고 때도 잘 타지 않았기 때문이다. 혹은 금광 주변에 뱀이 많아 뱀이 싫어하는 파란색을 염색했다는 이야기도 전해지고 있다.

리바이스의 대표 모델인 501. 청바지 역사의 산증인 혹은 조상님이라고 해도 된다. 나도 한때 구제 501을 사기 위해 동대문을 이 잡듯이 뒤진 경험이 있다.

리바이스 가죽 탭에 그려진 로고. 말이 잡아당겨도 바지가 찢어지지 않을 만큼 튼튼하다.

어쨌든 창립자 리바이 스트라우스의 이름에서 따와 리바이스라는 브랜드가 탄생했다. 이후 리바이스는 시간이 지나면서 코카콜라와 함께 미국 하면 떠오르는 상징으로 자리 잡았다. 그런데 재미있게도 정작 리바이스를 만든 두 창립자는 미국인이 아니었다. 리바이 스트라우스는 독일계 유대인이었고, 제이콥 데이비스는 라트비아 출신 이민자였다.

이렇게 만들어진 리바이스 청바지는 오늘날까지도 살아남았는데, 바지의 뒷부분에는 리바이스임을 알 수 있는 상징이 몇 개 있다. 허리 부분의 가죽 탭, 뒷주머니 부분의 '레드 탭'과 아치형 스티치 같은 것들 말이다. 이중에서 삐죽 튀어나와 있는 '레드 탭'은 리바이스의 상징이라 할 수 있다. 다 똑같아 보이는 청바지 중에서 리바이스임을 알아볼 수 있도록 넣은 디테일이었다. 1936년부터 부착되기 시작한 레드 탭은 현재에도 남아 있다.

116 이탈리아 패션 브랜드 스톤 아일랜드가 영국에서 뜬 이유는?

옷 좀 입는다 하는 사람들은 이 와펜이 달린 옷 하나쯤은 꼭 갖고 있다. 뭐? 동네 양아치가 많이 입는다고?

최근 젊은 층의 사랑을 받는 브랜드가 있다. '돌섬'이라는 별명으로 불리는 이탈리아 출신의 패션 브랜드 스톤 아일랜드다. 특유의 와펜 로고, 좋은 소재, 독특한 디자인 때문에 많은 사랑을 받는 스톤 아일랜드가 전 세계적으로 인기를 끌기 시작한 것은 '파니나로'라는 이탈리아의 젊은이들 덕분이었다. 파니나로는 1980년대 밀라노의 파니노 카페에서 모이고, 스톤 아일랜드나 몽클레어 등의 브랜드를 입던 젊은 층을 뜻한다. 이 파니나로들의 패션 스타일이 대중매체를 통해 퍼져 나가게 되면서 스톤 아일랜드도 덩달아 인기를 끌기 시작했다.

이탈리아뿐만 아니라 영국에서도 스톤 아일랜드에 대한 인기가 대단했다. 특히 1980년대, 1990년대 축구팬들 사이에서 큰 인기를 누렸다. 그들이 스톤 아일랜드를 입었던 건 목숨을 부지하기 위해서였다. 이 옷이 갑옷도 아닌데 도대체 무슨 소리냐고?

당시 영국의 축구팬들은 본인들이 응원하는 팀의 컬러에 맞춰 스톤 아일랜드 같은 브랜드의 옷을 입었다. 비싼 옷을 자랑하려는 목적도 있었고 유니폼을 입게 되면 상대 팀 훌리건들에게 두들겨 맞을 수도 있으니 그들의 시선을 피하기 위한 목적도 있었다. 우리가 생각 없이 입는 스톤 아일랜드를 영국에서는 '위장'의 목적으로 입었던 것이다. 목숨을 부지하기 위한 비용이라니, 확실히 영국인들에게는 비싼 값을 했던 것 같다.

117 벨루티가 특유의 '파티나' 염색을 하는 이유는?

벨루티의 구두. 수백만 원을 호가하는 럭셔리한 구두다. 그만큼 품질은 최상급이다.

1895년 한 이탈리아인이 파리에서 구두 가게를 시작했다. 그의 이름은 알레산드로 벨루티, 바로 벨루티의 창업자다. 그는 파리로 건너와 처음 만든 구두에 자신의 이름인 '알레산드로'를 모델명으로 붙이고, 구두 가게의 이름을 벨루티로 정했다. 훗날 이 회사는 질 좋은 가죽으로 구두와 피혁 잡화를 생산하는 명품 브랜드로 성장했다. 벨루티는 수많은 유명인사의 맞춤 구두를 만들면서 퀄리티를 입증했다. 주문 제품을 만드는 데 1,000만 원 정도라고 한다.

이렇게 비싼 맞춤 구두를 만들기 위해 벨루티는 주문자의 발 모양과 같은 나무로 된 '라스트', 즉 구두골을 제작한다. 나무로 주문자의 발을 만들어내는 것이다. 편하게, 고급스럽게 신을 구두를 만들기 위해 발 측정에도 꽤 오랜 시간을 들인다.

가죽도 특유의 '베네치아 레더'를 사용하는데, 베네치아 레더는 갯벌에 가죽을 묻어 숙성시켜 만든다. 갯벌에 묻어두면 가죽이 부드러운 질감으로 재탄생하는데, 마치 사람 피부와 비슷한 느낌이라고 한다.

벨루티가 처음 문을 열었던 프랑스의 매장.
외관만 봐도 고급스러운데?

이외에도 타조 가죽, 악어 가죽, 도마뱀 가죽 등의 고급 피혁으로 최고급 품질의 구두를 만들어낸다.

이렇게 비싼 가죽에 벨루티는 이상한 짓을 한다. 바로 '파티나'라는 염색 기법이다. 아마 벨루티의 제품을 한 번이라도 본 적이 있다면 면마다 다른 색으로 염색된 오묘한 느낌의 가죽이 인상에 남았을 것이다. 바라보고 있으면 빠져들 것 같은 오묘함이 드는 것은 파티나라는 기법으로 염색해서다. 구두를 포함한 가죽 제품에 염색공이 4시간가량 색을 입히는 공법인데, 이 파티나 공법을 사용하면 좀 더 자연스럽고 다채로운 색감의 구두를 만들 수 있다고 한다. 많은 브랜드가 이런 벨루티의 파티나 공법을 따라 해 제품을 만들기도 한다.

벨루티는 도대체 왜 비싼 가죽에 이런 짓을 하는 걸까? 가죽은 세월의 흐름에 따라 낡아간다. 사용하는 사람의 습관에 따라 가죽에 얼룩이 지기도 하고 색깔이 바뀌기도 한다. 단순히 낡기만 한다면 사람들이 이에 대해 아무런 말도 하지 않겠지만, 비싼 가죽이 자연스럽게 낡게 되면 오히려 새 제품보다 훨씬 더 멋진 느낌을 준다. 그것이 나일론이나 천 같은 소재에서는 느끼기 힘든 가죽만의 매력이다. 이런 바랜 듯한 느낌을 자연스럽고 고급스럽게 표현하기 위해 벨루티는 파티나 기법으로 가죽의 색상을 변화시킨다.

파티나 염색은 색을 입히는 힘, 속도, 덧칠 횟수에 따라 조금씩 다른 색이 나온다. 그래서 벨루티의 구두나 지갑은 잘 보면 같은 색상과 디자인의 제품이라고 해도 묘하게 색상 차이가 난다. 완전히 똑같은 제품은 아예 존재하지 않는다.

CHAPTER 10

인간사 화제에 질렸을 때 좋은

동물 이야기

118 호랑이와 사자가 싸우면 누가 이길까?

어렸을 때 '호랑이와 사자가 싸우면 누가 이길까?'라는 상상을 안 해 본 사람은 없을 거다. 두 맹수의 용맹함에 빠져 친구들끼리 누가 이길지를 두고 갑론을박을 벌인 경험 말이다. 해본 적 없다고? 혹시 동물에 대해 별로 관심이 없었던 건 아닌가?

그런데 호랑이와 사자는 서식지가 판이하게 달라서 서로 만날 일이 전혀 없는 상위 포식 맹수다. 그래도 두 맹수가 실제로 싸운 적은 있었다. 로마 제국의 콜로세움에서 아프리카 사자와 아시아 호랑이의 대결이 펼쳐져 로마 시민들을 열광에 빠뜨렸고, 근대 이후에는 동물원에서 사자와 호랑이가 싸우기도 했다. 멀리 갈 필요도 없이 에버랜드에서도 사자와 호랑이가 피터지게 싸우는 걸 목격한 사람도 있을 거다.

그렇다면 과연 둘이 싸우면 누가 이길까? 미국의 동물학자인 크레이그 삽포는 호랑이가 이길 것이라고 주장한다. 먼저 호랑이가 덩치에서 사자를 압도한다. 마른 몸을 가진 '멸치'와 덩치 큰 '근돼'가 싸우면 우리는 당연히 '근돼'가 이길 거라고 생각한다. 실제로도 그렇다. 근력이나 근질을 오랜 기간 단련한 사람이 근육량이 적은 사람보다 더 강력한 힘을 내는 게 당연하다.

이렇게 따져보면 다 자란 사자가 가장 일반적인 호랑이 종인 벵골 호랑이와 싸운다면 둘 다 몸무게가 180~190kg이니까 승패가 비등비

호랑이와 사자의 싸움은
사자의 판정승으로 끝났지만,
사실 실전에서는 누가 이길지 아무도 모른다.
인생은 실전이야.

호랑이가 졌다고 해서 싸움을 못하는 건
아니다. 마주치는 순간 죽는다.
'호랑이에게 물려 죽음'이라는 의미의
'호환'이라는 단어를 들어보았는가?

등할지도 모른다. 그런데 시베리아 호랑이는 몸길이가 수컷은 2.7~3.9m, 암컷은 2.4~2.9m이고, 몸무게는 수컷이 180~370kg, 암컷이 100~200kg이다. 무슨 말이냐면 호랑이는 사자와 아예 체급 자체가 다르다는 말이다. 보통 사람이 마이크 타이슨과 싸우는 것과 마찬가지라는 것이다. 호랑이 1점.

호랑이는 항상 '독고다이'로 싸우기 때문에 무리 동물인 사자보다 더 공격적이고 치명적이다. 원래 믿을 구석 없이 혼자 돌아다니는 놈들이 더 무서운 법이다. 호랑이 2점.

그렇다면 사자와 호랑이의 지능은 어떨까? 옥스퍼드 대학교 연구팀은 두개골 용적이 큰 호랑이가 사자보다는 조금 더 지능이 높을 거라고 예측했다. 일반적으로 동물은 머리가 크면 지능이 높은 것으로 알려져 있다. 머리 큰 사람들, 자책하지 않아도 되겠다.

하지만 다른 의견을 제시하는 학자도 있다. 사자도 만만치 않게 지능이 높다는 건데, 단체 생활을 하면서 사냥을 하고 협동을 하는 게 무시 못할 만큼 머리를 많이 쓰는 일이기 때문이라는 거다. 사자와 호랑이 둘 다 꽤나 똑똑한 편인 것 같은데. 이번에는 무승부로.

하지만 사자가 일방적으로 호랑이에게 지지는 않을 거라고 전문가들은 말한다. 삽포는 사자의 갈기가 마치 갑옷처럼 급소인 목덜미를 보호하기 때문에 신체적으로 우위에 있다고 주장했다. 사자 1점.

무리 동물인 사자가 떼를 지어 호랑이를 덮친다면 충분히 승산이 있다. 아무리 '독고다이'로 나가도 역시 '다구리' 앞에는 장사가 없나 보다. 사자 2점.

호랑이와 사자의 대결에서 체격이 큰 호랑이가 조금 우세하지만 항상 그런 것은 아니며, 대결에 나서는 동물의 체격과 전투경험과 습성에 달려 있다는 게 전문가들의 일반적인 견해다. 당신이 덩치가 크다고 해서 메이웨더나 맥그리거를 이길 수 없는 것처럼 말이다. 실제로 사자가 호랑이를 물어 죽인 사례도 있다. 덩치가 큰 시베리아 호랑이와 사자의 대결이라고 하더라도 체격이 적고 빈틈을 보이게 되면 한 방에 주님 곁으로 갈 수밖에 없다.

두 동물의 습성, 행태, 현재까지의 기록을 꼼꼼히 살펴보면 어떤 때는 호랑이가, 어떤 때는 사자가 이긴다는 것을 알 수 있다. 그러므로 단지 몇 번의 사례로 호랑이 혹은 사자가 이긴다고 성급하게 결론을 내리면 안 된다.

사실 같은 호랑이끼리 혹은 사자끼리의 대결에서도 일방적으로 승부가 나는 경우가 많고 무승부로 끝나는 경우는 거의 없다. 참고로 호랑이와 사자의 대결은 해외에서도 인기 있는 '떡밥'이라, 유튜브에서 'tiger vs lion'을 치고 아무 동영상이나 들어가면 '호랑이빠'와 '사자빠'

가 몰려와 끝도 없이 '패럴림픽'을 벌이는 걸 볼 수 있다. 어쨌든 주어진 조건들만 놓고 본다면 호랑이가 승리할 가능성이 조금 더 높지 않을까 조심스레 추측해본다.

119 '고영희' 씨에게 잘 보이는 법

시크함의 상징인 고양이는 도도한 눈빛과 태도로 집사들의 마음을 훔친다. 고양이를 키워본 경험이 없어서 어떻게 다루어야 할지 모르겠다고? 걱정하지 마라. 몇 가지만 알면 '고영희' 씨와 행복한 순간을 보낼 수 있다.

고양이 곁에 있어주기

개는 주인만 보면 어쩔 줄 몰라 하며 격한 애정 표현을 한다. 반면 시크함이 넘치는 고양이는 그렇지 않다. 가끔은 연인처럼 자신이 사랑받는다는 걸 확인받고 싶어 하지만, 보통은 주인이 자신을 만져줄 시간과 장소를 스스로 정한다. 언제 애정 표현을 할지 모르니까 계속 옆에 있어야겠지?

고양이가 당신을 인정하도록 하기

고양이는 혼자서도 잘 놀지만 주변에 누군가가 있다면 더 잘 논다. 또 주변에 주인이 있다는 걸 확신하고 싶어 한다. 당신이 이 집의 주인이라는 걸 보여줄 때가 되었다.

이런 자세를 취한다면 아마 고양이가 여러분을 전쟁에
함께 참전한 전우 정도로 생각하는 걸지도 모른다.

고양이의 선택에 감사하기

사람처럼 고양이도 선물 주는 것을 좋아한다. 자칫 하면 쥐를 물어와 놀랄 수도 있다. 그래도 어쨌든 선물을 받았으면 감사 표시는 츄르로 해야겠지?

신뢰의 신호 살피기

고양이가 옆으로 다가오는 것, 배나 신체의 아랫부분을 드러내는 것, 몸을 쭉 뻗고 눕는 것 등은 자신이 완전히 보호받고 있다고 느껴서 하는 행동이다. 이런 행동을 보인다면 당신을 믿는 것이다. 당신도 모르는 사람 앞에서는 '빤스'만 입고 드러눕지 않는다는 걸 생각해보자.

필요하다면 먼저 행동에 옮겨보기

연애와 고양이 키우기의 공통점은 때로는 먼저 다가갈 줄 알아야 한다는 것이다. 먼저 다가가면 겁을 먹는 경우도 있지만, 좋아하는 고양이도 있다.

애정의 신호 이해하기

자신을 만지는 걸 좋아하는 고양이도 있지만, 그렇지 않은 고양이도 있다. 동물도 인간과 마찬가지로 성격이 제각각이다. 그걸 어떻게 알아차리느냐고? 척추처럼 비교적 고양이가 거부감을 느끼지 않는 부위를 가볍게 만져본 후 고양이의 반응을 살펴보자. 고양이가 골골거리고 울면 매우 긍정적인 신호다. 신경질을 내면 만지지 말란 소리니까 손 떼고 그냥 지켜나 보자.

120 '댕댕이'한테 주면 안 되는 음식 10가지

개와 오랫동안 같이 지내고 싶다면 먹을 것을 가려서 주는 게 좋다.

초콜릿

초콜릿은 개한테 절대로 주면 안 되는 음식이라는 건 많은 사람이 알 것이다. 초콜릿에는 카페인과 테오브로민이라는 성분이 들어 있다. 개가 이 성분을 먹으면 구토, 탈수증, 복통, 심한 불안, 근육 경련, 불규칙적인 심장 박동을 일으키고 체온이 올라가며 발작 혹은 죽음에 이를 수 있다. 참고로 초콜릿색이 진할수록 더 위험하다. 개를 키운다면 다크 초콜릿을 집에 두는 건 웬만하면 하지 말자.

우유, 치즈

우유와 치즈에는 유당이 들어 있는데 개의 몸에는 이를 분해하는 효소가 없다. 인간으로 따지면 '유당불내증'인 셈이다. 개가 우유와 치즈를 먹으면 구토, 설사, 기타 위장 장애를 일으킬 수 있다. 즉각적으로 생명에 위협을 주지는 않지만 장기적으로 보면 병에 걸릴 수 있다.

마늘은 한국인에게는 최고의 음식이나 개들에게는 최악의 음식이다.

마늘

개는 마늘을 먹으면 약해진다. 드라큘라처럼 말이다. 양파와 마찬가지로 독성이 있어 해로운 결과를 초래할 수 있다.

양파

양파에는 독성 성분이 함유되어 있어 개의 적혈구를 공격하고 파괴한다.

마카다미아, 포도

정확히 어떤 성분이 악영향을 끼치는지는 모르지만, 개가 마카다미아나 포도를 섭취했을 때 독성 반응을 일으킬 수 있다는 것이 연구 결과 밝혀졌다. 설사, 우울증, 저체온증, 신부전 등을 유발할 수 있다.

아보카도

개도 과카몰리 맛을 모르는 건 아니겠지만, 그래도 주면 안 된다. 잎, 씨, 껍실, 과육에 들어 있는 펄신이라는 독소가 복통, 호흡곤란을 일으킬 수 있다. 그리고 크기가 큰 씨는 잘못 삼키면 기도가 막혀 죽을 수도 있다.

카페인

혹시 개한테 커피를 준 적이 있는가? 만약 그렇다면 당장 멈춰야 한다. 커피에는 '메틸화크산틴'이라는 흥분제가 들어 있다. 이를 개가 과

다하게 먹으면 자칫 죽을 수도 있다.

베이컨

지방이 많은 음식은 췌장염을 일으킬 수 있다. 췌장에 염증이 생기면 소화나 영양소 흡수에 문제가 생길 수도 있다.

121 벌이 이렇게 높게 날 수 있다고?

벌이 없으면 우리 모두 죽는다.
아마 벌이 없는 지구는 끔찍했을 거다.

지구 생태계에서 벌이 없다면 아마 끔찍한 지옥이 펼쳐질 것이다. 아인슈타인이 "벌이 사라지면 인류도 사라진다."라고 했을 만큼 벌은 우리에게 소중한 친구다. 오죽하면 벌이 사라지면 사람이 먹을 음식의 33%가 사라진다고 할까? 윙윙대며 날아다니는 게 살짝 공포감을 주지만 곤충 중에서 유일하게 인간이 먹을 수 있는 음식을 만들어주는 게 벌이라는 걸 생각하면 감사해야 하지 않나 싶다.

꿀벌이 생태계 유지에 기여하는 가장 큰 업적은 바로 꽃을 피운다는 거다. 무슨 소리냐고? 꽃이 피고 열매가 맺기 위해서는 수분이라는 과정을 거쳐야 하는데, 이를 돕는 대표적인 곤충이 꿀벌이다. 벌은 수술의 화분을 암술에 옮겨 꽃이 자라나게 한다.

벌은 꽤 빠르게 날 수 있다. 그 작은 몸으로 25km/h의 속도를 낼 수 있으며 초당 200번의 날갯짓을 할 수 있다. 실제로 일벌은 벌집의 공기 순환을 위해 벌집 내부에서 날갯짓을 한다. 자연산 공기청정기인 셈이다. 또한 벌은 해수면보다 29,525피트 높게 날 수 있는데 이를 계산해보면 에베레스트산의 높이보다 높다.

벌은 에베레스트산 높이까지 올라갈 수 있다.

이렇게 빠르고 높게 나는 벌이 하는 일은 꽃이 피게 하는 것만이 아니다. '벌' 하면 떠오르는 것은 단연코 꿀이다. 우리가 사랑해 마지않는 꿀은 사실 벌이 겨울 내내 먹을 음식으로 저장해놓은 것이다. 그래도 양봉업자들이 벌들이 먹을 정도는 남기고 가져간다고 하니 괜히 꿀 먹으면서 죄책감은 안 가져도 되겠다.

안타깝게도 우리에게 도움을 주는 벌은 점점 사라지고 있다. 지난 수십 년간 벌은 이유 없이 자취를 감췄다. '군집 붕괴(어느 날 갑자기 벌이 벌집을 떠나 돌아오지 않는 것)'라고 불리는 이 현상이 전 세계적으로 일어나고 있다. 지구의 특정 지역에서는 이미 90% 이상의 벌이 사라져버렸다고 한다. 과학자들은 여러 요인을 내세웠지만 현재까지 어느 누구도 왜 벌이 사라지는지 명확한 해답을 내놓지 못했다. 벌들이 사라져버리면 꿀은 누가 만들까?

122 장난감 러버덕이 바다를 헤엄친다고?

독일의 유명 맥주 축제 옥토버페스트에 등장한 러버덕. 맥주 들고 바다를 떠돌아다니면 신선이 따로 없을 듯하다.

욕조에서나 보던 장난감이 전 세계를 돌아다니며 바다 위, 호수 위에 등장하고 있다. 잠실 석촌호수에 전시되었던 적이 있어서 우리에게 익숙한 '러버덕'이 그 주인공이다.

거대 러버덕을 만든 사람은 네덜란드 출신 공공미술가 플로렌타인 호프만이다. 그는 어린 시절에 가지고 놀던 추억의 노란 오리를 대형 고무 오리로 제작해 물 위에 띄워 전시하는 프로젝트를 전 세계 도시를 돌며 진행해 큰 인기를 끌었다.

그렇다면 어렸을 때 호프만이 갖고 놀던 러버덕은 누가 만든 걸까? 1940년대에 러시아 출신 조각가 피터 가닌이 처음 만들어 특허를 받았다. 이후 5,000만 개 이상을 판매하면서 고무 오리를 하나의 아이콘으로 만들었다. 러버덕은 사람 나이로 치면 80세가 넘은 고령이다.

그런데 사람들의 욕조에서, 호수에서 헤엄치는 이 러버덕이 바다에서도 헤엄칠 수 있다면? 1992년 홍콩에서 미국으로 가던 화물선이 선적되어 있던 크레이트 하나를 태평양 한가운데에서 분실했다. 이 크레이터 안에는 홍콩에서 만들어져 해외로 수출되던 러버덕이 들어 있었다. 이 사고 덕분에 안에 타고 있던 2만 8,000마리(?)의 러버덕이 세계를 유람할 수 있는 기회를 얻었고 태평양에서 지구 곳곳으로 뿔뿔이 흩어졌다.

분실된 러버덕들은 전 세계의 해안에 출몰하기 시작했다. 덕분에 학자들이 조류(밀물과 썰물 때문에 일어나는 바닷물의 흐름)를 쉽게 파악할 수 있었던 건 안 비밀이다. 이 장난감들은 대서양으로도 흘러들어갔고 심지어 북극에서 꽁꽁 언 채로 발견되기도 했다. 동사한 오리들에게 심심한 조의를 표한다.

123 우리가 아는 독수리는 사실 독수리가 아니다?

맹금류는 날카로운 부리와 발톱을 가진 육식성 조류를 일컫는 말이다. 아마 맹금류 하면 독수리가 바로 떠오르지 않을까? '하늘의 제왕'이라는 별명이 어울리는 독수리는 힘과 용맹, 자유의 상징으로 인식된다. 미국, 로마 제국, 심지어 나치 독일까지 독수리를 상징으로 삼을 정도다. 그만큼 새 중에서 가장 멋져 보이는 새라는 반증이 아닐까.

그런데 미국의 상징을 '독수리'라고 하면 틀린 것이다. 그게 갑자기 무슨 소리냐고? 미국을 대표하는 새의 이름은 정확히는 '흰머리수리', 영어로는 'Bald Eagle'이다. '머머리'가 아닌 것처럼 보이는데 도대체 왜 'Bald'라는 이름을 가진 걸까? 머리 부분이 하얀 털로 덮여 있는 외형 때문이다. 머리에 하얀 털이 난 것인데 멀리서 보면 마치 털이 없는 것처럼 보여서 이런 이름이 붙었다고 한다.

진짜로 '머머리'인 친구가 바로 '대머리독수리'다. 흔히 대머리독수리라고 하면 옆 페이지의 왼쪽 그림과 같은 모습을 떠올리는데, 사실 이런 외형의 새는 'Eagle'보다 'Vulture'라고 불린다. 이런 외형의 새가 독수리에 더 가깝다고 하면 충격이려나?

우리나라에서도 수리류와 독수리를 따로 구분하는데 외국에서도 마찬가지다. 그래서 미국의 상징인 새는 독수리가 아니라 '수리'로 분류된다. 'Vulture'와 'Eagle'은 머리가 벗겨져 있는가(!)의 여부, 덩치의

정확히는 얘가 독수리다.

얘는 그냥 수리다.

크기, 동물의 사체를 먹는지의 여부에 따라 구분된다.

아, 그리고 독수리와 수리도 차이가 있다. 수리 종류인데 '숱이 심히' 없는 친구를 '대머리 독' 자를 써서 독수리라고 부른다. 그러니까 대머리독수리는 사실 '대머리대머리수리'인 것이다. 이 친구, 자기 이름이 인간들 사이에서 이렇게 불리는 걸 알면 땅을 치고 울지도 모르겠다. 머리숱 없는데 놀리는 건 사탄이나 할 짓이니까. 이제 알았으니 그러지 말자.

124 | 북극곰에게서 살아남으려면 얼마나 빨라야 할까?

눈과 얼음으로 뒤덮인 북극은 고요하고 황량한 곳이다. 북극해, 러시아, 알래스카, 캐나다, 그린란드 등의 지역을 포함하는 북극에는 먹이사슬 최상위 포식자인 북극곰이 살고 있다. '백곰'이라고도 불리는 이 큰 곰은 우리에게는 콜라를 좋아하는 귀여운 이미지이지만 실제로 마주치면 그냥 죽었다고 봐야 할 만큼 무서운 동물이다.

북극곰의 몸집은 다른 곰이랑 마찬가지로 매우 크다. 딱 봐도 인간의 피지컬을 훌쩍 뛰어넘는다. 북극곰이 뒷다리로 섰을 때 키는 2.5m를 넘고, 무게는 평균 680kg 정도다. 지구상의 육식 동물 중에서 순위권에 들 만한 큰 덩치다. 대왕고래나 코끼리의 덩치가 '넘사벽'으로 큰 것일 뿐 북극곰도 실제로 마주치면 오줌 지릴 수준이다. 그렇다 보니 북극곰이 북극의 먹이사슬에서 최상위 포식자가 되는 것은 이상한 일이 아니다.

몸집이 커서 북극곰이 둔할 거라고 착각하는 사람이 많은데, 사실 북극곰은 꽤 빠르고 수영도 매우 잘한다. 온몸이 근육으로 뒤덮인 덩치 큰 아저씨를 생각하면 된다. 과거 북극곰이 육지에서 100km 떨어진 지역에서 수영하고 있는 걸 관측한 기록이 있을 정도로 북극곰은 운동신경이 좋다. 평균 시속 10km 정도로 수영하며 돌아다니는데 30cm에 달하는 크기의 앞발로 헤엄친다. 잠깐만, 앞발이 30cm라고?

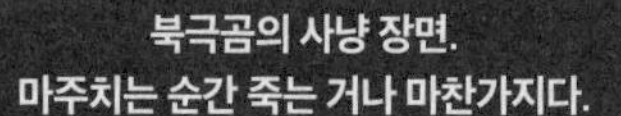

북극곰의 사냥 장면.
마주치는 순간 죽는 거나 마찬가지다.

얼음 위에 누워 있는 북극곰

따귀 한 대 맞으면 턱 돌아갈 수준이다.

북극곰은 육지에서도 꽤 빠른 속도로 달릴 수 있다. 지금까지 관측된 북극곰의 최대 속력은 40km/h라고 한다. 우사인 볼트의 최고 속도가 시속 44km 정도니까 '인간 탄환' 수준의 달리기 실력이 아니라면 북극곰을 마주치지 않는 것이 좋겠다. 마주칠 거면「매드 맥스」에 나오는 것처럼 자동차나 오토바이에 올라타는 것이 살아남는 데에는 더 도움이 될 거다.

125 | 동물계에도 '상남자'가 있다고?

성격이 나쁘면 인간들 사이에서는 외톨이가 된다. 사회적 동물인 인간은 다른 사람들과 어울려 살아가야 하는데, 성격이 나쁘다면 관계를 만들어가기 쉽지 않다. 하지만 냉혹한 자연에서는 이런 더러운 성격이 생존을 위한 도구가 되기도 한다. 누구 이야기냐고? 벌꿀오소리 혹은 라텔이라고 불리는 동물이 그 주인공이다. 크기 약 60cm에 몸무게 10kg밖에 되지 않는 비교적 작은 동물인 벌꿀오소리는 '세상에서 가장 겁대가리를 상실한 동물'이라는 별명을 갖고 있다. 이게 도대체 어떻게 된 일일까?

사자나 표범 같은 맹수에게도, 코끼리·악어·얼룩말·물소 같은 덩치가 큰 동물에게도 절대 쫄지 않는다. 벌꿀오소리는 가는 길에 누가 오던 신경 쓰지 않고 일단 맞짱부터 뜬다(사람이 이러면 '인성 파탄' 혹은 '분노조절장애'로 낙인 찍혀 친구 없는 외톨이가 될 수 있으니 따라하지 말자). 이렇게 싸우다가 죽는 경우도 허다한데, 그래도 아랑곳하지 않고 언제나 싸움을 건다. 이 정도로 성격이 더럽다 보니 덩치 큰 동물이라도 이놈을 보면 일단 피하고 보는 경우가 허다하다고. 아프리카 전역, 중동, 인도 지역까지 넓게 퍼져 사는 이놈은 심지어 지능까지 매우 뛰어나서 어디를 공격해야 상대가 도망갈지도 빠르게 학습한다고 한다.

벌꿀오소리와 관련된 재미있는 사실이 하나 더 있다. 이 동물은 이

벌꿀오소리. 생긴 건 온순하게 생겼지만 걸리면 죽는다.

족제비. 벌꿀오소리는 족제비과 동물이다. 족제비도 벌꿀오소리랑 마찬가지로 성격 더러운 걸로 유명하다.

것저것 가리지 않고 다 잘 먹는 편인데 파충류부터 설치류, 조류, 곤충, 과일, 뿌리, 새알, 심지어 썩은 고기까지 다 먹는다. 그중에서도 벌꿀오소리가 환장하는 것은 바로 꿀이다(이름에 꿀이 들어가는 게 괜히 그런 게 아니다). 벌들이 공격해도 눈 하나 깜짝하지 않고 벌집에서 꿀을 털어간다. 이 정도면 동물계의 '상남자'라고 해도 되겠다.

126 지구상에 사는 가장 이상한 동물 13종

스파클 머핀

호주에서 발견된 이 거미는 매우 화려한 색을 띠고 있다. 크기는 5mm밖에 되지 않으며 구애를 위해 다리를 드는 독특한 방식으로 암컷을 유혹한다.

부채머리수리

'수리'라는 이름이 붙었음에도 수리답지 않게 아련한 눈을 가진 이 동물은 수리류 중에서 가장 크고 무거운 종이다. 한마디로 '하늘의 지배자'다. 힘도 센 편이라 나무늘보나 원숭이와 같이 덩치 큰 사냥감을 잡아 하늘로 날아간다. 안타깝게도 번식률이 심각하게 낮아 부채머리수리를 보는 건 로또 1등 당첨 수준이라서 대부분은 일평생 이 새를 관측하기 어렵다.

코아티문디

중남미 지역에서 자주 관측되며 긴 코를 가진 너구리처럼 생겼다. 이 친구는 먹이사슬에서 라쿤과 비슷한 위치에 있다. 라쿤만큼 귀엽지만 애완동물로는 별로 좋지 않다. 야생 동물은 야생에서 키워야지.

검은머리황새

아마 많은 사람이 검은머리황새의 모습을 보면 그 자리에서 굳어버리지 않을까 싶다. 머리 부분만 검고 크기도 큰 편이기 때문이다. 안타깝지만 이 친구도 '머머리'라서 머리 윗부분의 피부가 그대로 노출되어 있다.

우파루파

이 귀여운 친구를 어디선가 한 번쯤은 보았을 것이다. 번식이 쉽고 잃어버린 신체를 쉽게 재생하고 놀라운 장기이식 능력이 있어서 과학 연구용으로도 많이 이용되는 친구다.

벌거숭이두더지쥐

아프리카 지역에 사는 이 쥐는 이름에서도 알 수 있듯이 털이 없다. 곰돌이 푸는 상의라도 입고 다니지만 이 친구는 아예 아무것도 입고 다니지 않는다. 그 덕분에 징그러워할 사람이 많을 듯하다. 하지만 이 쥐는 사실 생긴 것과는 다르게 꽤나 흥미로운 동물이다. 암에도 잘 걸리지 않고 소량의 산소만 있어도 몇 시간을 버틸 수 있다. 이 정도 능력이 있어서인지는 모르겠지만 지금까지 기록된 최대 수명이 32년이라고 한다.

태즈메이니아 데빌

곰은 곰인데 덩치는 개만 한 곰이 있다? 호주 태즈메이니아섬에 사는 태즈메이니아 데빌 이야기다. 수컷은 성체 크기가 65cm 정도라고 하니 대충 크기가 짐작이 가는가? 얼핏 보면 반달가슴곰을 닮았으며 이름이 '악마'이지만 이 동물을 보고 겁을 먹을 것 같지는 않다.

천산갑. 영화 「아저씨」에 나온 악당에게 필요한 친구다. 그거 방탄유리인데 총알에 뚫려! 이건 안 뚫려!

천산갑

아마도 이 동물을 보면 유니콘이나 페가수스처럼 전설 속에 등장하는 환상의 동물이라고 생각할지도 모르겠다. 아르마딜로와 유사하게 온몸을 갑옷으로 뒤덮고 있는 이 동물은 공룡인 것 같기도 하고, 이 세상 동물이 아닌 것 같기도 하다. 포식자에게 위협을 받으면 온몸을 둥그렇게 말아 자신을 보호하는 천산갑은 안타깝게도 밀렵으로 인해 그 개체수가 급속히 줄어드는 중이다.

가시두더지

얼핏 보면 고슴도치랑 별로 구분이 안 가는 이 동물은 특이하게도 포유류 주제에 알을 낳는다. 포유류 중에서 알을 낳는 건 이 친구와 오리너구리뿐이다.

화식조

새 중에는 날지 못하고 땅에만 붙어 다니는 친구도 있다. 우리에게 익숙한 타조나 펭귄도 날지 못하며 호주 출신의 화식조도 날지 못한다. 화식조는 '지구상에서 가장 위험한 조류'라는 타이틀을 갖고 있다. 실제로 미국에서는 한 남성이 화식조 때문에 사망에 이르렀다. 동물원에서 구경할 기회가 있다면 조심하자.

카피바라

카피바라는 귀여울 뿐만 아니라 '핵인싸'이기까지 하다. 네이버에 '카피바라 핵인싸'를 검색하면 지면상 싣지 못한 재미있는 사진을 실컷 구경할 수 있다.

귀여움 터지는 이 친구는 설치류 중에서 크기 TOP 10 안에 들 만큼 큰 덩치를 자랑한다. 덩치가 커서 둔할 것 같지만 수영 실력이 뛰어나서 '물돼지'라는 별명까지 있다. 다른 동물들과 매우 잘 지내는 것으로도 유명하다.

빌비

토끼인지 캥거루인지 두더지인지 구분이 안 가는 '만찢동' 빌비는 타고난 귀여움 덕분에 사람들의 시선을 독차지한다. 귀는 토끼처럼 생겼고, 육아방식은 캥거루 같으며, 땅을 파는 건 두더지 같다. 짬짜면도 아니고 참 독특한 동물이네.

엘리게이터 가아

물고기이지만 날카로운 이빨만 보면 공룡과 더 비슷하다. 생태계의 먹이사슬 최상위 포식자인 악어를 잡아먹는다니 무지막지한 괴물이다. 이 녀석은 비늘이 매우 튼튼해 도끼로 찍어도 말짱하다고 한다. 게임으로 치면 '+9 갑옷' 수준이다.